Información legal

© 2023
Autor y editor: M.Eng. Johannes Wild
A94689H39927F
E-Mail: 3dtech@gmx.de

Los datos completos del autor del libro se encuentran en las últimas páginas

Esta obra está protegida por los derechos de autor

La obra, incluidas sus partes, está protegida por los derechos de autor. Cualquier uso fuera de los estrechos límites de la ley de derechos de autor no está permitido sin el consentimiento del autor. Esto se aplica en particular a la reproducción electrónica o de otro tipo, la traducción, la distribución y la puesta a disposición del público. Ninguna parte de esta obra puede ser reproducida, procesada o distribuida sin el permiso escrito del autor.

Toda la información contenida en este libro ha sido recopilada y comprobada cuidadosamente según nuestro leal saber y entender. Sin embargo, el editor y el autor no garantizan la actualidad, corrección, integridad y calidad de la información proporcionada. Este libro tiene únicamente fines educativos y no constituye una recomendación de actuación. El uso de este libro y la puesta en práctica de la información contenida en el mismo se realiza expresamente por cuenta y riesgo del usuario. En particular, no se ofrece ninguna garantía o responsabilidad por daños de carácter material o inmaterial por parte del autor y del editor por el uso o no uso de la información contenida en este libro. Este libro no pretende ser completo ni estar libre de errores. Quedan excluidas las reclamaciones legales y las reclamaciones por daños y perjuicios. Los operadores de las respectivas páginas web son los únicos responsables del contenido de las páginas web impresas en este libro. El editor y el autor no tienen ninguna influencia en el diseño y el contenido de los sitios web de terceros. Por lo tanto, el editor y el autor se distancian de todo contenido externo. En el momento de la utilización, no había ningún contenido ilegal en los sitios web. Las marcas y nombres comunes citados en este libro son propiedad exclusiva del autor o del titular de los derechos respectivos.

Índice

Prólogo

Muchas gracias por elegir este libro

En este libro aprenderá a utilizar el software de diseño CAD. Guiado paso a paso por la experiencia de un ingeniero mecánico. Aprenda todo lo que necesita saber sobre la creación de objetos 3D y cómo realizar sus propias ideas y proyectos. La motivación para escribir este libro fue la de enseñarle todos los procesos importantes y básicos del CAD, de una manera sencilla (explicada con ejemplos prácticos) y directa. Para ello, en este curso utilizamos un software de CAD semiprofesional, que puedes descargar GRATIS.

Descárguelo aquí:

https://www.rs-online.com/designspark/mechanical-download-and-installation

Este curso es especialmente para principiantes y le enseñará a utilizar el software de CAD y a realizar sus propios diseños. Además de las explicaciones teóricas sobre el uso del software y un enfoque sencillo del diseño CAD, ¡aprenderás mediante proyectos de diseño prácticos y emocionantes! ¡En este curso aprenderás todo lo que necesitas saber para crear componentes tridimensionales!

Como es aún más divertido poder materializar tus propios diseños, también puedes encontrar materiales para principiantes e información sobre cómo aprender a imprimir en 3D en el libro correspondiente: "Impresión 3D | La guía para principiantes". Búscalo en amazon.

1 Cómo utilizar este libro

Hola y bienvenido al curso de CAD para principiantes. Gracias por elegir este curso. En este curso encontrará una introducción a los fundamentos y métodos de trabajo del diseño CAD, así como ejemplos de diseño concretos y prácticos para que el proceso de aprendizaje sea lo más fácil y eficaz posible. La abreviatura CAD significa "Computer Aided Design" (diseño asistido por ordenador). El software CAD se utiliza para crear o editar objetos tridimensionales. Empezando por piezas sencillas, pasando por piezas complejas, hasta llegar a conjuntos completos que pueden ensamblarse virtualmente.

En este curso, dirigido específicamente a los principiantes, aprenderá cómo está estructurado el entorno de un programa de CAD y cómo aprovechar al máximo cada función para crear objetos tridimensionales. Podrá seguir paso a paso cada proyecto de diseño para familiarizarse fácilmente con el tema y aprender las diferentes funciones de un programa CAD.

Si además están interesados en la impresión 3D, pueden incluso materializar los objetos a posteriori simplemente imprimiéndolos. Si está interesado, busca mi libro: Impresión 3D | ¡La guía práctica para principiantes!

El programa CAD utilizado en este curso es "DesignSpark Mechanical" de "RS Components". Este programa ofrece una interfaz de usuario clara y sencilla y, además, está disponible de forma gratuita. La estructura de las funciones de diseño es muy similar a la de los carísimos programas profesionales de CAD que utilizan los ingenieros o técnicos en su trabajo diario. Descargue la última versión de DesignSpark Mechanical de forma gratuita en:

www.rs-online.com/designspark/mechanical-download-and-installation/

Las licencias de programas profesionales de CAD, como "SolidWorks", "Catia", "SolidEdge" o "AutoCAD" e "Inventor", cuestan de uno a varios miles de euros, por lo que normalmente sólo merecen la pena para usuarios profesionales y autónomos. Por este motivo, en este curso utilizamos el programa CAD gratuito "DesignSpark Mechanical". El entorno del programa es muy claro y sencillo. Perfecto para los principiantes. Además, el programa ofrece casi todos los comandos para poder crear objetos complejos.

Si quiere probar otros programas, a continuación encontrará más programas CAD gratuitos para usuarios principiantes, avanzados y profesionales. En algunos casos, estos programas sólo pueden hacer la edición básica y no el diseño, como es el caso de algunos programas para principiantes. En este curso, el diseño sólo se explica utilizando DesignSpark Mechanical, pero como muchos programas de CAD son muy similares en su estructura, usted será capaz de manejar muchos otros programas de CAD después de este curso.

Para operaciones básicas y construcciones muy sencillas puede probar "TinkerCAD", "Meshmixer" o "3DSlash".

A medida que avanza este curso, es posible que desee explorar "FreeCAD" o "SketchUp" además de DesignSpark.

Y para aplicaciones profesionales, "Blender" y "Onshape" o "Fusion 360" ofrecen buenas alternativas.

Principiantes	Avanzadas	Profesionales
TinkerCAD	DesignSpark	Blender
Meshmixer	FreeCAD	Onshape
3DSlash	SketchUp	Fusion 360

El software recomendado está resaltado en verde

Todos los programas CAD comunes funcionan de forma muy idéntica, lo que veremos brevemente a continuación.

2 Principios generales de diseño

Para crear un modelo 3D, primero hay que hacer un boceto en 2D del objeto deseado. Esto se hace con elementos simples, como: Línea, Círculo, Rectángulo y Polígono. Puede pensar en hacer un boceto en 2D como si estuviera dibujando en "Microsoft Paint". Este boceto 2D se realiza en un plano del espacio tridimensional y luego se transforma en un objeto tridimensional mediante un comando de extrusión.

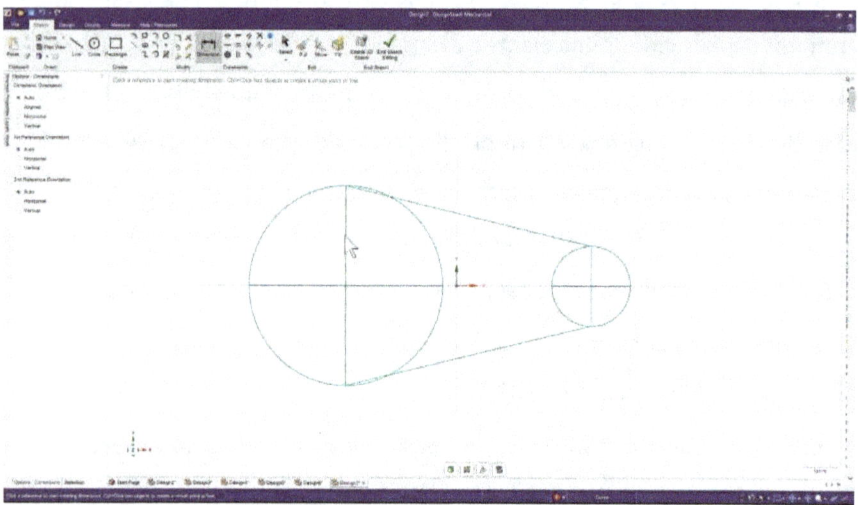

Figura 1: Creación de un boceto en 2D a partir de elementos básicos (líneas y círculos)

Para crear un modelo 3D, primero hay que hacer un boceto en 2D del objeto deseado. Esto se hace con elementos simples, como: Línea, Círculo, Rectángulo y Polígono. Puedes pensar en hacer un boceto en 2D como si estuvieras dibujando en "Microsoft Paint". Este boceto 2D se realiza en un plano del espacio tridimensional y luego se transforma en un objeto tridimensional mediante un comando de extrusión.

Aprenderá exactamente cómo funciona a medida que avanza. Hay diferentes métodos de aproximación a las construcciones individuales, que varían mucho según el constructor y el objeto, pero todos ellos pueden conducir en última instancia a la meta. Por lo tanto, no existe sólo una manera y son bienvenidos a pensar de qué otra manera, los objetos individuales todavía podrían ser construidos. A veces, un enfoque diferente conduce más fácil o más rápido a la meta, y a veces ocurre lo contrario. Esto entrena su imaginación espacial y ofrece la oportunidad de probar otros enfoques.

El grado de dificultad de los siguientes capítulos y objetos aumenta sucesivamente. Por lo tanto, es mejor seguir el orden dado en el curso. Con cada proyecto aprenderá una nueva función o una forma diferente de trabajar. Pero basta de palabras para el comienzo. Empecemos por la construcción. Primero unos cuantos fundamentos teóricos, y luego llega el momento de la práctica y los proyectos de CAD.

Otro consejo para utilizar el curso: La mejor y más eficaz manera de aprender a utilizar el software de CAD es, en primer lugar, ver atentamente cada uno de los pasos de diseño y intentar copiar los pasos mostrados de forma independiente y sin más ayuda. Lo mejor es utilizar este procedimiento del capítulo 3, o bien los proyectos del capítulo 5.

En las siguientes secciones aprenderá primero a conocer la interfaz del programa de diseño "DesignSpark Mechanical" y la creación de un boceto en 2D, así como la posterior transferencia del boceto a un objeto en 3D. A continuación, construiremos los objetos paso a paso.

3 Vista general del menú y los elementos del programa CAD: "DesignSpark"

Después de iniciar el programa, primero hacemos algunos ajustes generales del programa para crear la misma situación de partida. Haga clic en "File" en la esquina superior izquierda y, a continuación, en "DesignSpark-Options".

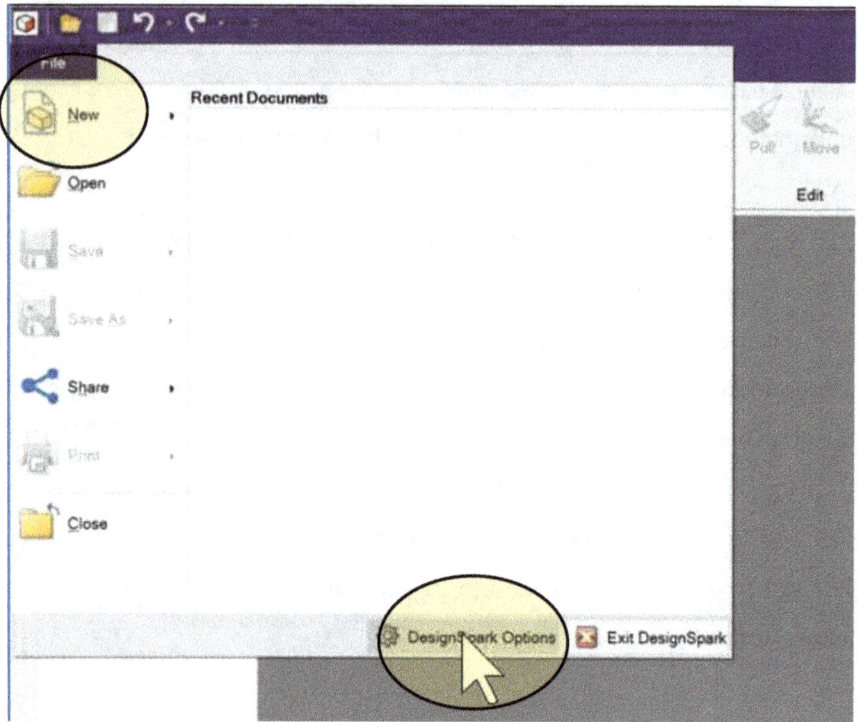

Figura 2: Ajustes generales en DesignSpark

Vaya a la opción de menú "Snap" y desmarque la casilla "Grid". Esto evita que el cursor se oriente a la cuadrícula del entorno de bocetos 2D.

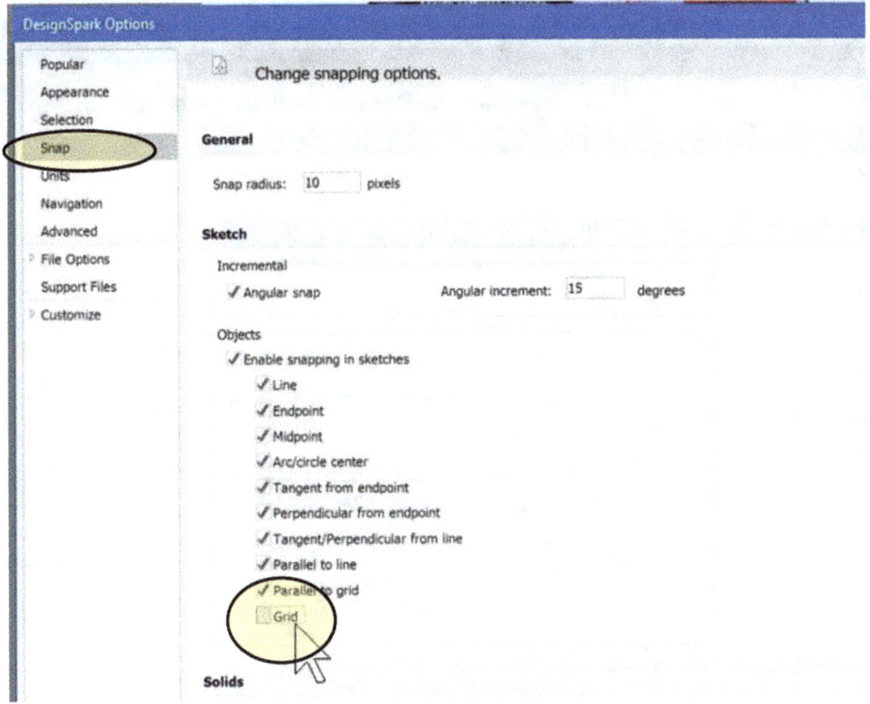

Figura 3: Ajustes generales en DesignSpark

Es ventajoso poder dibujar con la mayor libertad posible. En la opción de menú "Units" comprobamos los valores establecidos. Queremos utilizar el sistema métrico y especificar las unidades de longitud en milímetros. Además, los ángulos deben indicarse en grados y las masas en gramos. En la opción de menú "Advanced" marcamos el ajuste superior "Enable constraint based sketching".

En esta opción de menú también podemos -si lo deseamos- cambiar el idioma del menú de navegación. Si es necesario, seleccione aquí la configuración de idioma que desee en la opción "Language". Por razones de organización, dejo la configuración en "English". Esto es ventajoso, para encontrarse mejor en los foros de Internet en inglés.

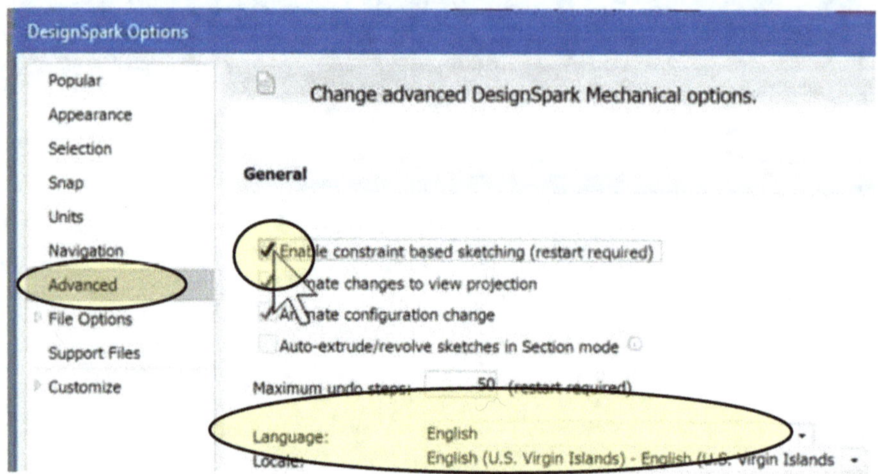

Figura 4: Ajustes generales en DesignSpark

A continuación, salimos de la configuración y reiniciamos el programa primero para aplicar todos los ajustes. Tras el reinicio, iniciamos un nuevo documento en "File" → "New" → "Design".

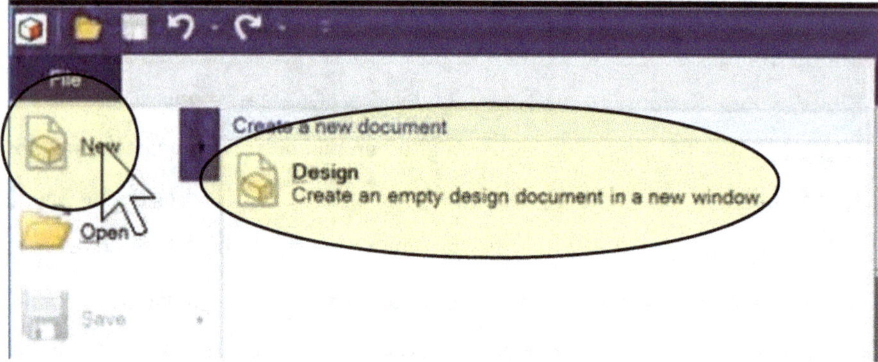

Figura 5: Crear un nuevo documento de diseño

Veamos primero el entorno del programa y las barras de menú situadas en las zonas superior y lateral. En primer lugar, nos ocuparemos de la sección del menú "Design". Aquí puede seleccionar diferentes vistas del componente, así como las funciones básicas "Pan", es decir, mover y "Spin" es decir, rotar.

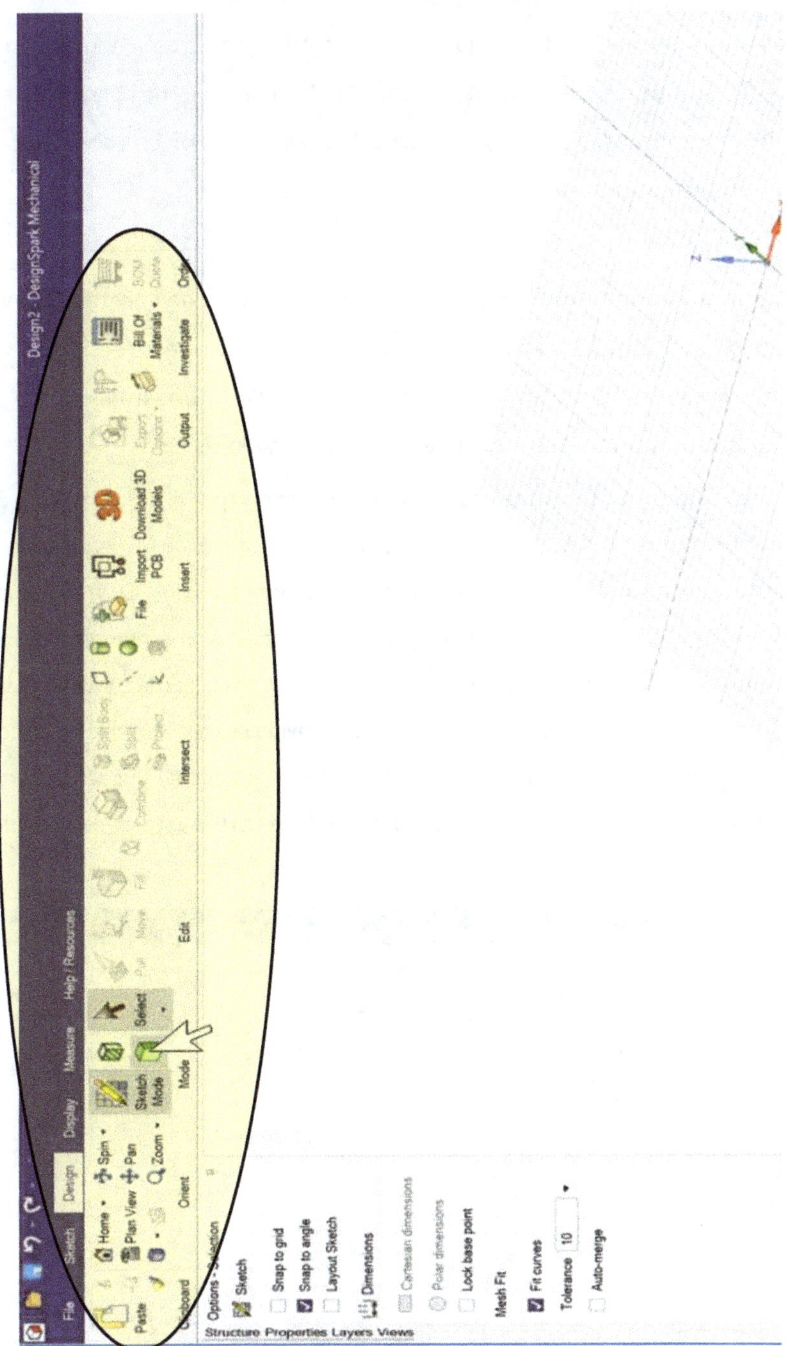

Figura 6: Diseño de pestañas de menú que incluyen muchas funciones

La rotación del entorno de dibujo también es posible manteniendo pulsada la rueda del ratón mientras se mueve el ratón. EL Movimiento es posible mientras se mantiene pulsada la tecla Shift y la rueda del ratón. La función de zoom se realiza como siempre girando la rueda del ratón.

En el área posterior "Mode", puede cambiar entre el modo de boceto 2D, la vista en sección y el modo 3D.Además de una simple función de selección, el área "Editar" ofrece las funciones adicionales "Pull", es decir, arrastrar, "Move", es decir, desplazar y otras. Estos son relevantes en el modo 3D.

En el área "Intersect" se pueden combinar o separar cuerpos o partes y en el área "Insert", entre otras cosas, se pueden seleccionar o crear planos y ejes. Además, se pueden cargar archivos en el entorno de diseño o importar modelos 3D de una base de datos en línea. En el área "Investigate" se encuentran las importantes funciones "Measure" y "Dimension". La mencionada barra lateral de la izquierda contiene el árbol de la estructura, que enumera los componentes individuales de un modelo, así como las opciones de los comandos a ejecutar. La barra lateral también puede ocultarse o reorganizarse haciendo clic en el pequeño icono de la parte superior derecha de la barra.

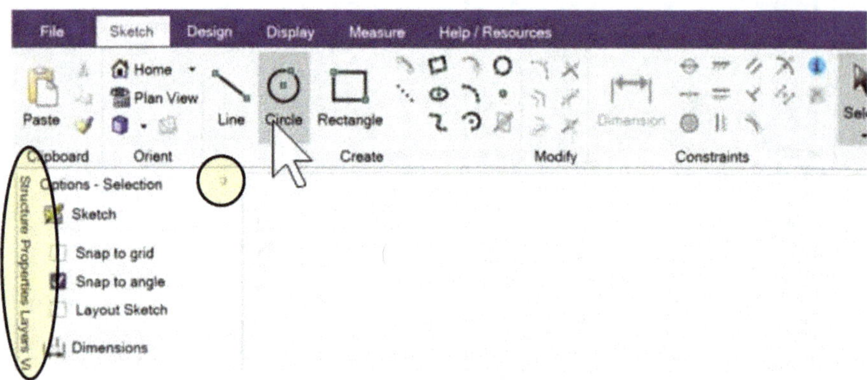

Figura 7: Barra lateral del programa

Más adelante, en los proyectos prácticos, se detallarán las funciones de esta barra. En el área "Sketch" se encuentran los elementos básicos para la creación de bocetos, es decir, para el dibujo bidimensional con el que comienza todo diseño. Los necesita para la creación de bocetos en el modo de bocetos 2D. Aquí encontrará los elementos: línea, círculo, arco, rectángulo y otros. Además, en las áreas "Modify" y "Constraints" se pueden realizar redondeos de aristas y definir condiciones como el "paralelismo" de dos líneas o la "concentricidad" de dos círculos. Más adelante se hablará de esto. Ya conocemos el área de "Edit" con las funciones "Pull" y "Move" de la barra de menú "Design". En la última área: "End Sketch" puede salir del modo de boceto después de crear o editar con éxito el boceto y cambiar al modo 3D.

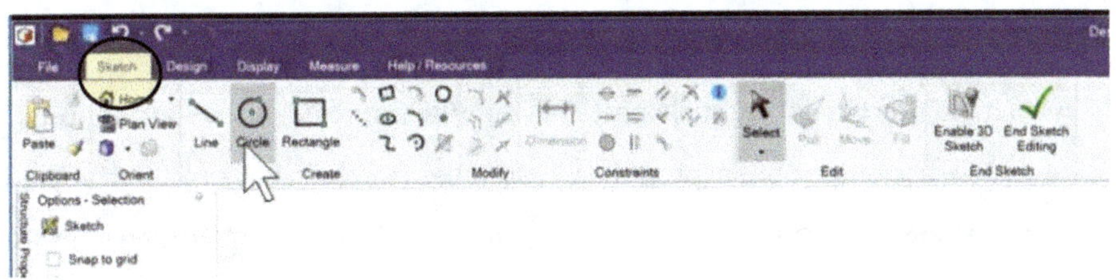

Figura 8: Pestaña del menú "Sketch" con varias funciones para la creación de bocetos

En el siguiente paso seleccionamos la sección del menú "Display". Aquí también se pueden seleccionar las funciones "Paste" y "Selección de vistas". Además, los ajustes de color pueden modificarse en la sección "Graphics" y la visualización del modelo puede cambiarse seleccionando "Graphics". En el área "Window" se puede abrir una nueva ventana de construcción. En el área siguiente, "Grid", se pueden realizar ajustes relativos a la rejilla de croquis y al fondo. Y en la última área "Display" puede seleccionar qué elementos (por ejemplo, el sistema de coordenadas) deben mostrarse o no.

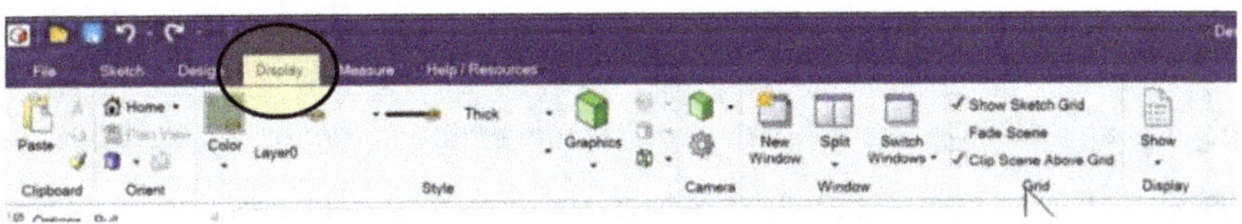

Figura 9: Pestaña de menú "Display" con diversas funciones de visualización

Si pasamos a la pestaña "Measure", encontraremos las funciones importantes y relevantes de la función de medición, representadas por un símbolo de calibre, y la posibilidad de visualizar las "Mass Properties" de un componente. Esta función puede ser muy útil si quiere determinar el peso o el centro de gravedad de un componente.

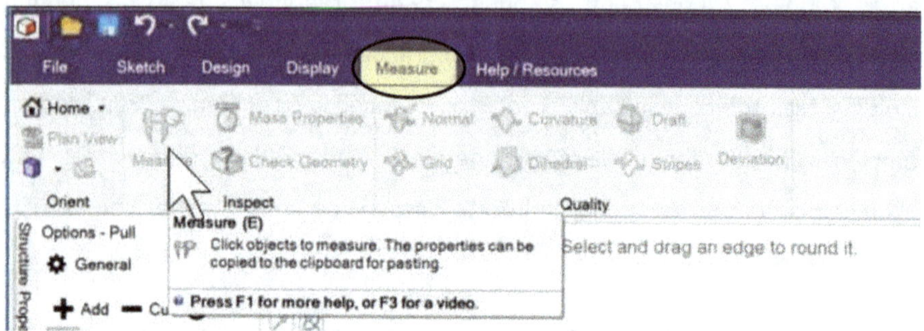

Figura 10: Pestaña del menú "Measure" con varias funciones para la dimensión

En la última sección del menú, la pestaña "Help/Ressources", se pueden consultar breves instrucciones sobre el programa y tutoriales. También hay una interfaz para el foro y el soporte técnico. A continuación, encontrarán más proyectos de muestra y en la siguiente sección existe la posibilidad de actualizar el programa. En el área "About", pueden finalmente ver información general sobre el programa.

Figura 11: Pestaña del menú " Help/Resources " con varias funciones de ayuda

No se asuste por la multitud de elementos y características, en el transcurso del curso conoceremos los elementos individuales paso a paso y en detalle mediante un método de trabajo práctico. Por lo tanto, sólo esta breve explicación.

Al final de este capítulo, vamos a descubrir con más detalle cómo podemos mostrar objetos en diferentes vistas, para poder empezar directamente con los primeros bocetos en el próximo capítulo. Volvamos a la sección "Design", para poder probar la selección de las diferentes vistas. Para ello, primero hay que activar el modo 3D en el área "Mode". A continuación, podemos elegir entre numerosas vistas (isométrica, trimétrica, superior, inferior, ...) en la sección "Orient".

.

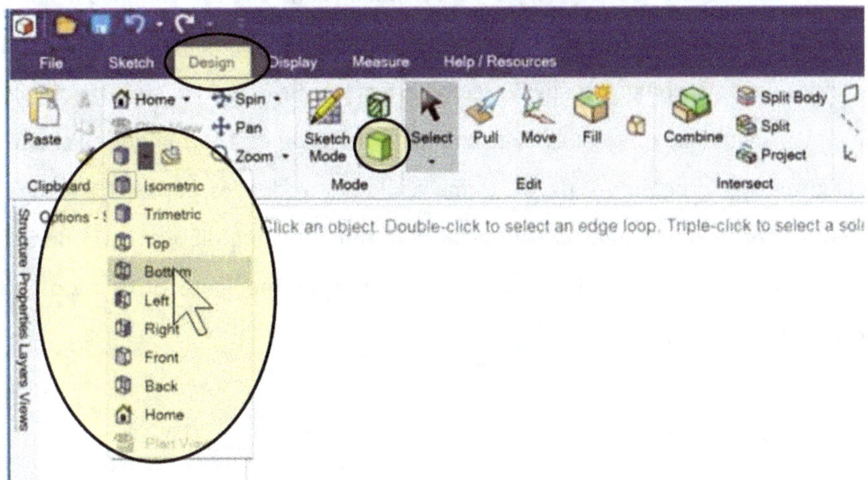

Figura 12: Selección de diferentes vistas en la pestaña del menú "Design"

Y ahora pasamos al siguiente capítulo, donde ya aprendemos uno de los conceptos más básicos del CAD: el boceto 2D.

4 Crear los primeros bocetos en 2D

Cada componente 3D debe iniciarse primero como un boceto 2D. Aquí es donde definimos el "plano" del objeto, por así decirlo. Imagina que está mirando la parte superior de un simple objeto tridimensional. ¿Qué se ve, por ejemplo, si se mira un cilindro desde arriba en un ángulo recto perfecto con respecto al eje? Un círculo bidimensional, nada más. Y es exactamente a partir de esta forma que se crea el cilindro en el programa CAD, de forma análoga a todos los demás elementos. Exactamente esta geometría del círculo que tenemos que dibujar en el primer paso. La forma tridimensional se obtiene entonces mediante otros pasos de comando.

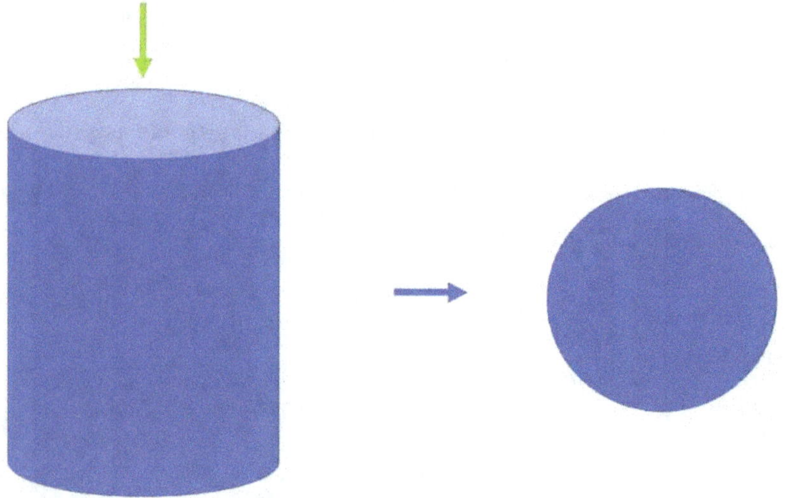

Figura 13: Círculo 2D como forma básica para un cilindro 3D

Al principio de un croquis, cambie al área de "Design" y haga clic en la zona del pequeño sistema de coordenadas en el eje z azul o en el plano que hay debajo. Esto seleccionará su plano de croquis. En este caso, se trata del plano que abarcan los ejes de coordenadas "x" e "y", ya que queremos ver el croquis 2D desde arriba, como en el ejemplo anterior con el cilindro.

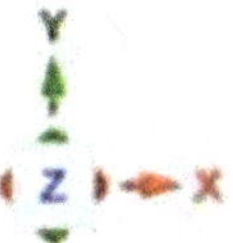

Figura 14: El sistema de coordenadas en la zona inferior izquierda del programa

A continuación, asegúrese de que se encuentra en el modo de "Sketch" en la pestaña del menú "Design". Seleccione siempre este modo de "Sketch" para crear un boceto en 2D. Al seleccionarlo, el programa salta a la pestaña "Sketch" para permitirle seleccionar los elementos de geometría para el boceto.

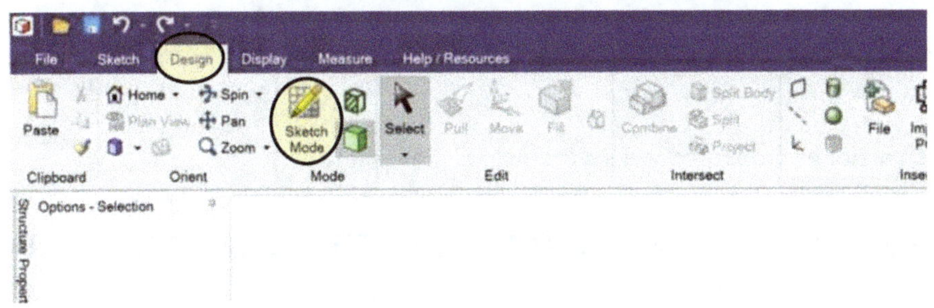

Figura 15: Inicie el " Sketch Mode " en la pestaña del menú " Design "

Antes de crear el primer boceto en 2D, puede desmarcar la opción "Show Sketch Grid" en la sección de menú "Display". Entonces se suprime la rejilla y se obtiene la pantalla mostrada. Sin embargo, este ajuste es una cuestión de gusto y no tiene por qué hacerse.

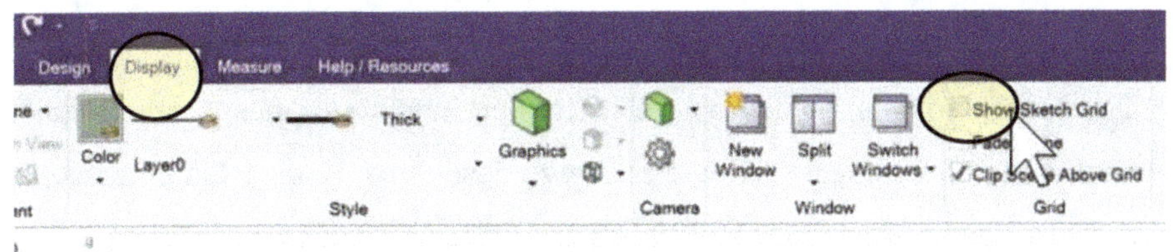

Figura 16: Eliminar la opción " Show Sketch Grid " en la pestaña del menú " Display "

Ahora se dispone de una variedad de elementos de dibujo básicos para crear la geometría de un boceto 2D. Seleccionando "Línea", por ejemplo, se puede formar una geometría a partir de elementos con forma de línea. Probemos esto. Basta con hacer clic en cualquier punto, por ejemplo, en el centro del sistema de coordenadas, y empezar a dibujar haciendo clic y arrastrando con el ratón. El dibujo debe corresponder, por ejemplo, a la sección transversal del objeto 3D deseado o, en el caso de objetos simples, a la superficie superior del objeto, es decir, a un círculo como en el caso de un cilindro. Introduzca las dimensiones deseadas con el teclado.

Además de una línea, también puede crear un círculo, una elipse, una curva de forma libre o un rectángulo. Intentemos también esto, uno tras otro, una vez.

En la barra "Sketch" también encontrará: un punto, varios arcos y otros elementos.

Lo mejor es probar todos los elementos al menos una vez.

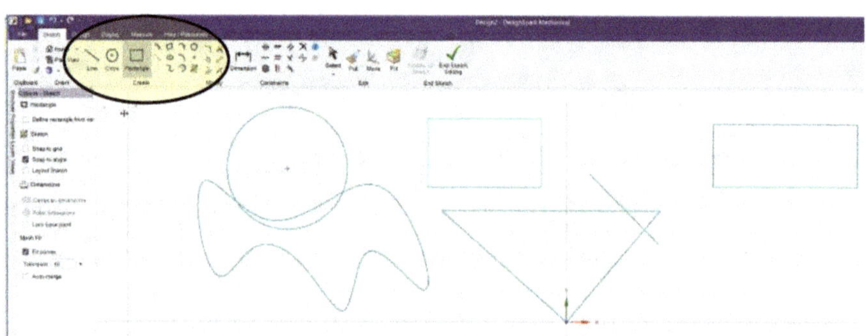

Figura 17: Ejercicios de dibujo con línea, círculo, rectángulo, etc.

Otro consejo sobre el elemento geométrico "Rectángulo": Al dibujar un rectángulo, notará que el rectángulo siempre comienza desde una esquina. Sin embargo, si desea que el rectángulo comience desde el centro, puede realizar el a menudo muy útil ajuste "Define Rectangle from Center" en la barra lateral en "Properties". Esta opción de ajuste también está disponible para otros elementos, como la línea, donde se puede -si se desea- partir también del centro de la línea.

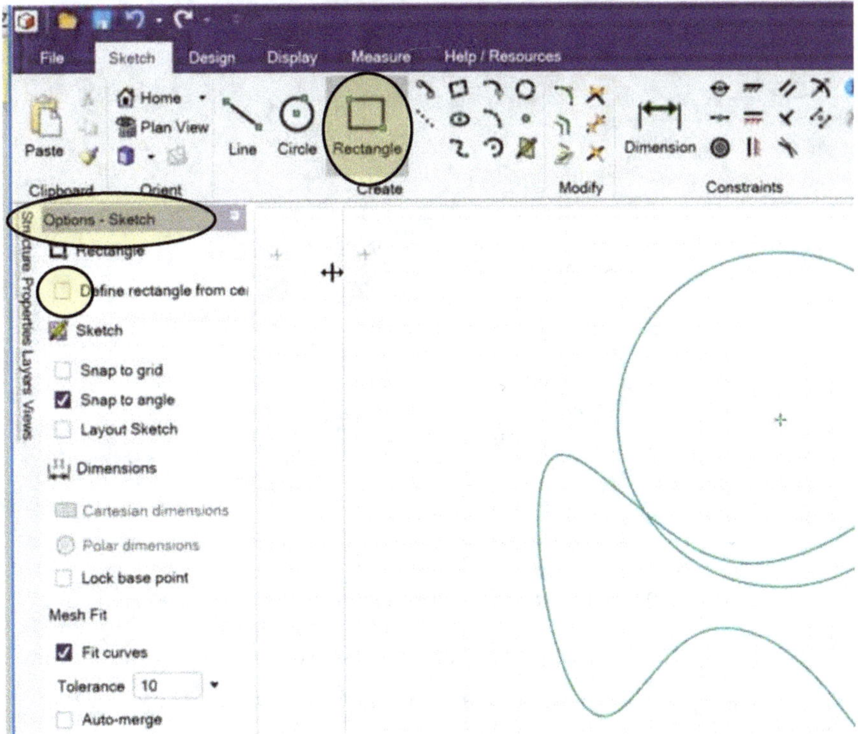

Figura 18: Crear un rectángulo u otro elemento geométrico a partir del punto central

Para concluir estos sencillos ejercicios de croquis en 2D, dibuje un rectángulo al que podrá dotar de dimensiones con la función "Dimension". Por ejemplo, seleccione una anchura de 35 mm y una altura de 20 mm. Para ello, haga clic en la herramienta "Dimension" y luego en la línea deseada. Hay dos maneras de hacerlo, ambas conducen al mismo resultado: Puede dibujar un rectángulo con las dimensiones correctas introduciendo ya los valores con el teclado mientras dibuja. Un consejo: utilice el tabulador para pasar de un campo a otro para introducir las dimensiones. Alternativamente, puede dibujar cualquier rectángulo y luego cambiar las dimensiones. Puede hacerlo haciendo doble clic en la dimensión. A continuación, introduzca el valor deseado y confirme con la tecla Enter.

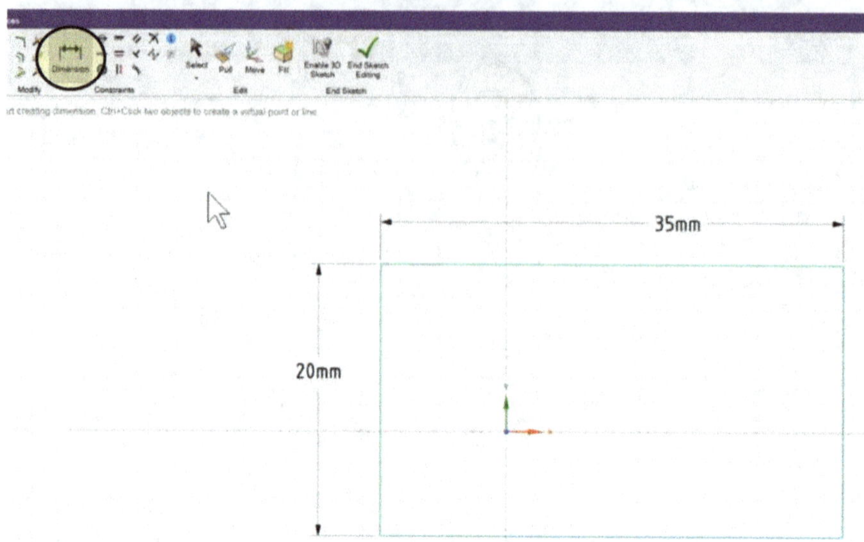

Figura 19: Dibujar un rectángulo y dimensionarlo con la función "Dimension"

También puede acotar la distancia entre dos líneas haciendo clic primero en la primera línea y luego en la segunda cuya distancia desea acotar. La función "Dimension" debe estar activa. Ahora le toca a usted. Haga trazar el rectángulo.

Puede salir del modo de boceto con la marca verde de la barra de menú superior. En la zona inferior del modo de boceto encontrará unos cuantos botones útiles para salir del modo de boceto también. Seleccion el pequeño cubo verde y el programa saldrá del modo boceto y pasará automáticamente al modo 3D. También puede utilizar los otros botones para seleccionar una nueva capa de croquis o mover la cuadrícula.

Figura 20: Botones para diversas funciones en la zona inferior

Para crear un objeto tridimensional, es importante que el boceto esté completamente cerrado y no tenga huecos. Esto se indica mediante el área con fondo verde que rellena la superficie del croquis. Significa que la superficie tiene una línea de contorno continua sin huecos.

Figura 21: Zona dibujada en modo 3D (fondo verde)

Después de seleccionar el modo 3D, gire el entorno de construcción con la rueda del ratón pulsada mientras mueve el ratón o utilizando el sistema de coordenadas de la parte inferior izquierda. A continuación, seleccione la función "Pull" y haga clic en la superficie del rectángulo. En la esquina superior izquierda verá ahora otras opciones para la función "Pull". Pero más adelante se hablará de ello.

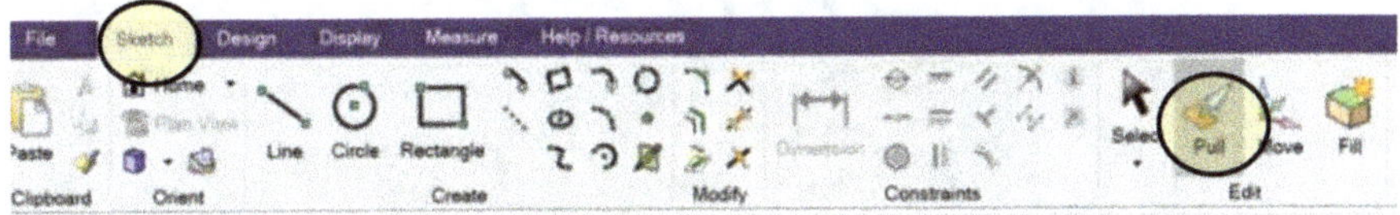

En el próximo capítulo crearemos un objeto tridimensional a partir del boceto 2D que hemos realizado. Muy bien, ¡están progresando mucho! Pronto llegaremos ya al primer proyecto.

5 De un boceto en 2D a un objeto tridimensional

Como hemos anunciado, ahora queremos crear un objeto 3D a partir del boceto 2D, concretamente un cuboide. Lo conseguimos con la función "Pull" seleccionada anteriormente. Esta función representa el llamado comando de extrusión. Por lo tanto, en otros programas de CAD, a menudo encontrará el término "Extrusion" o similares.

Si ahora se mueve en la dirección de la flecha amarilla mientras seleccions la función "Pull" y mantiene pulsado el botón izquierdo del ratón, puede crear un objeto tridimensional a partir de la superficie 2D. Con la ayuda de la barra espaciadora se puede pausar el proceso e introducir una dimensión deseada. A continuación, confirme con Enter. La función "Pull" es una función muy básica y versátil, como veremos a continuación.

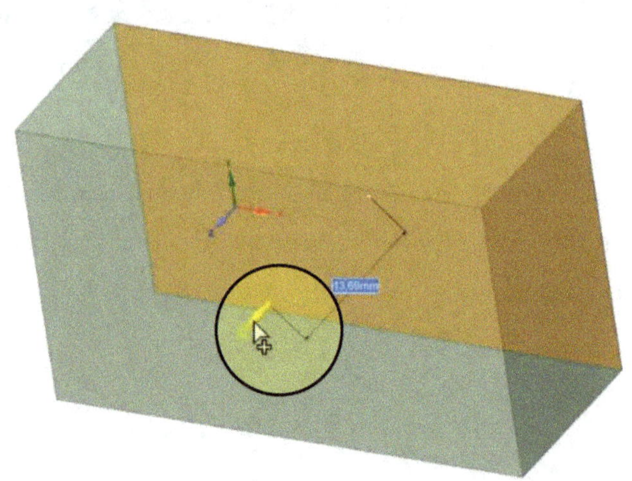

Figura 22: La superficie 2D se transforma en un cuerpo 3D con "Pull"

Dado que el objeto tridimensional se mantiene relativamente simple, ahora nos ocupamos del procesamiento posterior de nuestro cuboide para conocer algunas operaciones básicas en modo 3D. Un posible enfoque del diseño es diseñar como se produciría el mecanizado real -fresado o torneado, por ejemplo-. Primero se crea la materia prima, en este caso el cubo, y luego se mecaniza sucesivamente en otros pasos, utilizando recortes, agujeros y otras características de diseño de forma virtual, de modo que se obtiene el elemento final. Por eso este tipo de mecanizado se llama sustractivo. Se reduce el material inicial a través de pasos individuales de mecanizado hasta obtener el objeto deseado. También hay otros enfoques, como la variante aditiva. Aquí, el modelo CAD o el objeto real -como en el caso de la impresión 3D- se construye elemento a elemento.

Sin embargo, primero trataremos el enfoque sustractivo clásico. En los siguientes pasos, nos gustaría insertar un agujero y un recorte en forma de rectángulo en nuestro objeto. Para ello, primero debemos crear un boceto en 2D de las geometrías para el agujero y el recorte. Para ello, haga clic en "Sketch-Mode" y seleccione la cara superior del cuboide, ya que queremos insertar el agujero en el cuboide de arriba a abajo. La cara superior del cuboide en este caso es la cara que es paralela al plano x-y en la dirección z, ya que el cuboide ha sido rotado como se muestra aquí.

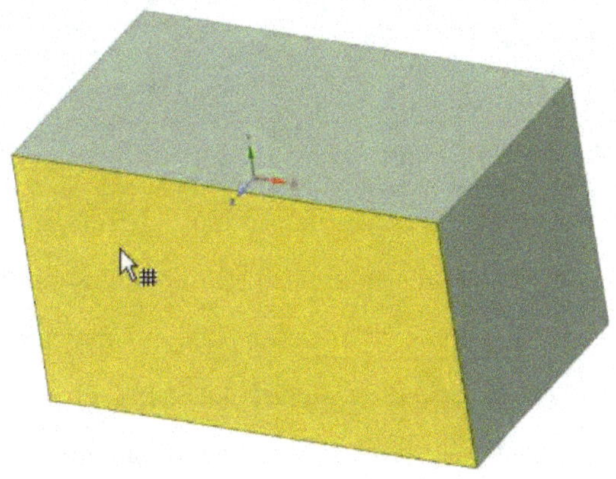

Figura 23: Con esta orientación el plano entre x e y es el superior

Seleccione la vista "Top" o navegue con el pequeño sistema de coordenadas desde la parte inferior izquierda para ver también el cubo desde arriba.

Ahora queremos crear un agujero. Seleccione la opción "Círculo" para la geometría del agujero.

A continuación, coloque el círculo en la superficie con un clic e introduzca un diámetro de, por ejemplo, 4 mm. Confirme con "Enter". A continuación definimos la posición del círculo con la función "Dimension". Como estamos en un espacio bidimensional, es decir, haciendo un boceto en una paralela del plano x-y, necesitamos una dimensión x y otra y para definir finalmente el boceto o el círculo por completo. Introduzca las dimensiones deseadas, por ejemplo, 5 mm cada una de las arista izquierda y superior del cubo. El círculo para el agujero está ahora completamente dimensionado. Tiene un diámetro definido y dimensiones en la dirección de los ejes X e Y hasta puntos definidos. Una acotación completa y un boceto totalmente definido son muy importantes para obtener buenos resultados, preste siempre atención a esto.

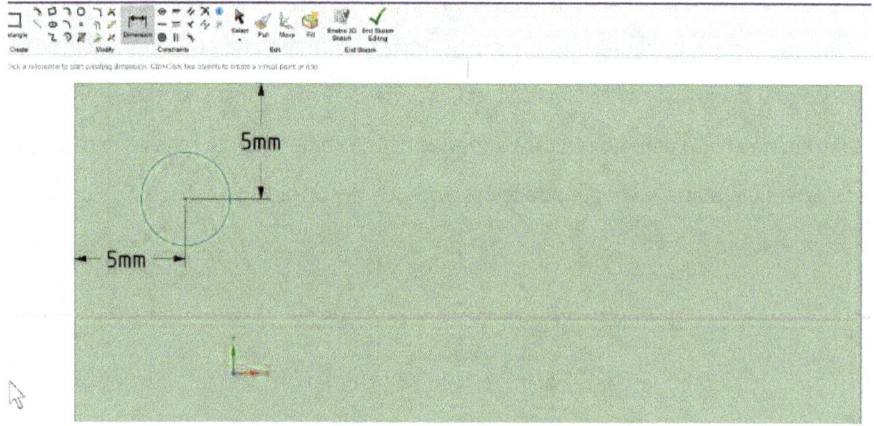

Figura 24: Creación y dimensionamiento de la geometría circular para el agujero

También creamos la geometría para la sección del rectángulo en este paso de edición, puesto que ya estamos en el plano correcto: la superficie del cubo. Para ello, trace primero una línea de construcción, que es simplemente una especie de línea guía, desde el centro del borde superior hasta el centro del borde inferior del rectángulo. Esto facilita el posicionamiento. A continuación, seleccione el rectángulo y colóquelo en el centro de la línea de construcción utilizando la función

"Dimension". Aquí necesitamos la mitad de la longitud de un lado, lo que resulta en una dimensión de 2,5 mm. Las dimensiones del rectángulo deben ser de 5 mm cada una para obtener un cuadrado.

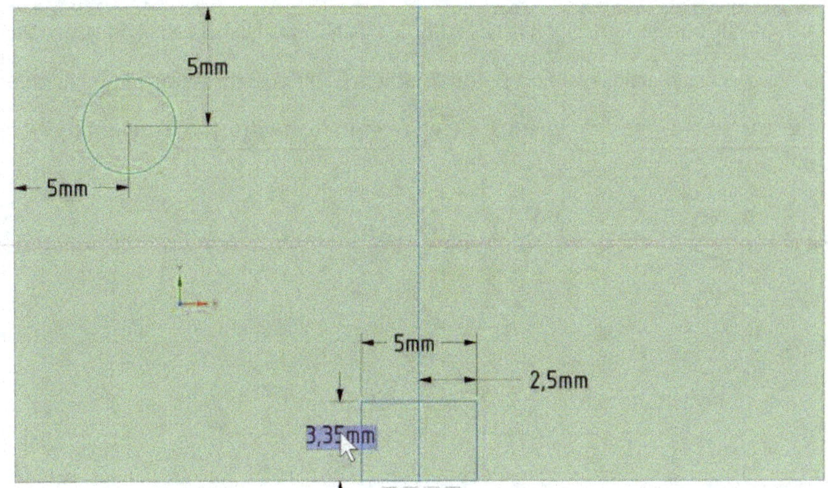

Figura 25: Crear y dimensionar la geometría del rectángulo para el recorte

A continuación, salga del modo de boceto o cambie al modo 3D y gire el objeto con el ratón. A continuación, seleccione de nuevo la función "Pull" y haga clic en las superficies de las dos geometrías esbozadas. A continuación, desplácese con el botón del ratón pulsado en dirección del eje z negativo, es decir, en dirección al interior del cubo.

Como puede ver, el agujero y el recorte ya están creados. Con la ayuda de la barra espaciadora puede pausar el proceso e introducir la dimensión deseada.

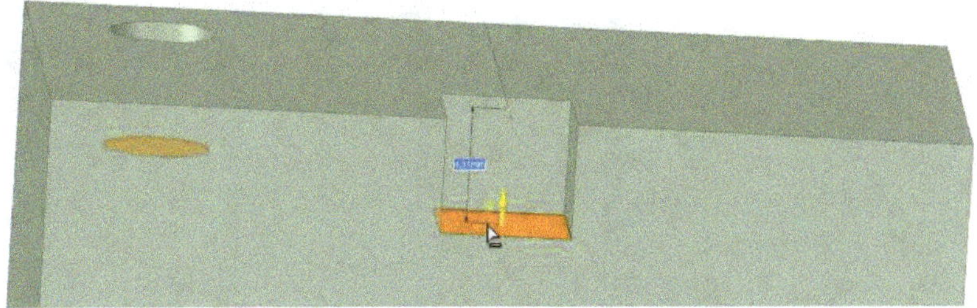

Figura 26: Creación del agujero y del recorte en modo 3D

Con la función "Pull" también es posible -como ya se vio en la creación del cubo- añadir material en lugar de quitarlo.Para ello, sólo tiene que mover el cursor en la dirección opuesta o seleccionar la función "Add" en la barra lateral en "Opciones - Tirar". Aquí puede cambiar entre "Add" y "Cut". Puede utilizar la función "Add" cuando construya utilizando un enfoque aditivo. Se necesita siempre que se quiera añadir material al modelo en lugar de eliminarlo mediante el mecanizado virtual.

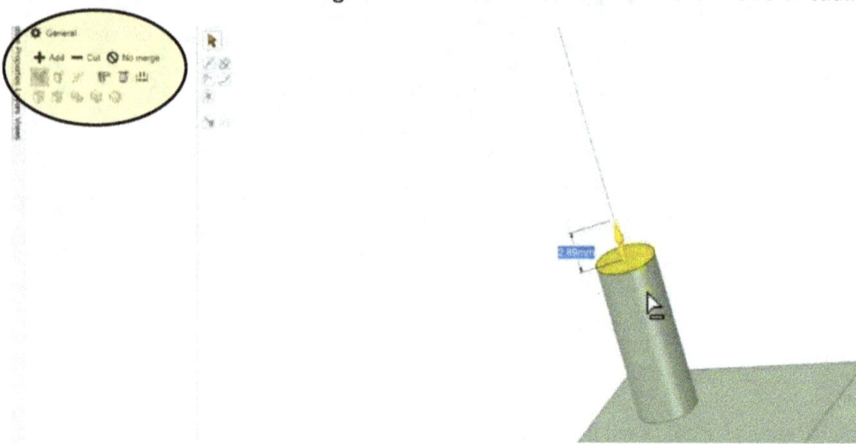

Figura 27: "Options-Pull" en la barra lateral izquierda con "Add" y "Cut"

También es posible redondear aristas o crear chaflanes con la función "Pull". Para esta función, seleccione primero la arista o las aristas deseadas. Seleccione varias aristas manteniendo pulsada la tecla CTRL. A continuación, mueva el cursor en la dirección de la flecha y utilice la barra espaciadora para especificar la dimensión deseada, es decir, el radio en este caso. Alternativamente, simplemente haga clic en el borde de nuevo, entonces usted puede editar el radio.

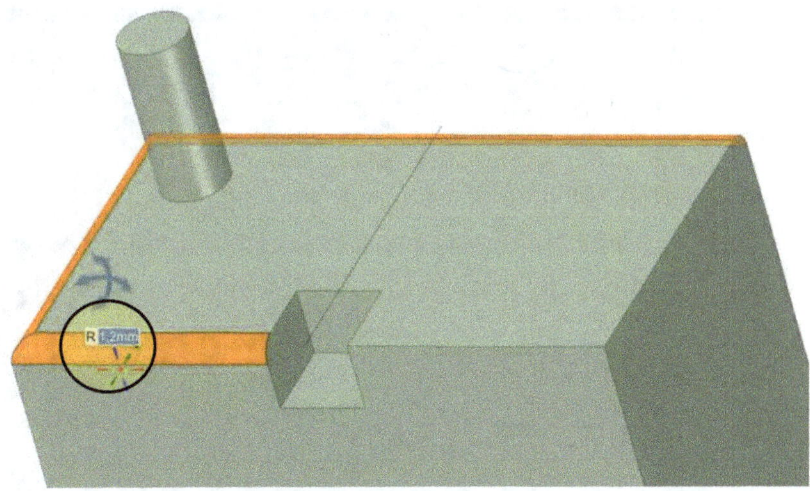

Figura 28: Redondeo de aristas mediante la función "Pull"

Como puede ver, la función "Pull" es muy potente y ya ofrece una variedad de opciones básicas de edición.

Al final de este capítulo conoceremos otra función del modo 3D. Con la función "Shell" puede ahuecar fácilmente un objeto. Para ello, seleccione la función y la superficie inferior del objeto.

A continuación, se ahueca el objeto. El grosor restante de la pared se puede introducir con la barra espaciadora y el teclado. Bastante simple, ¿verdad?

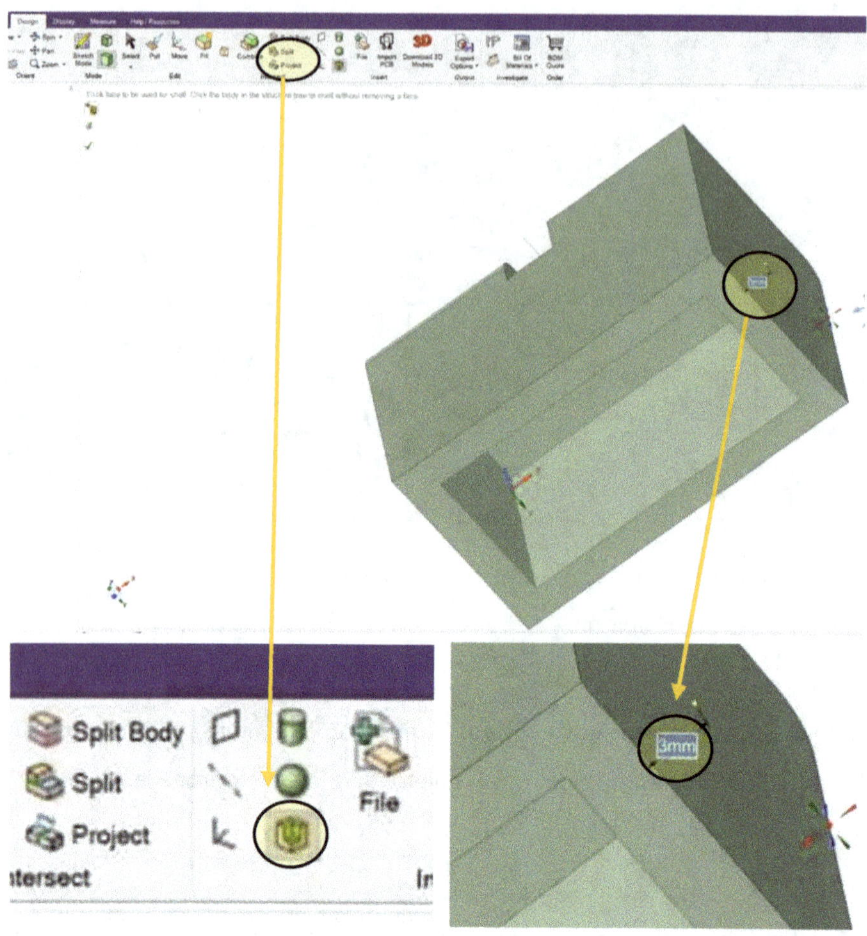

Ahora ya saben cómo crear un boceto bidimensional y generar un objeto 3D a partir de él. También conocen los entornos de diseño en el espacio bidimensional y tridimensional y las funciones más importantes de estos entornos. Esto significa que ahora conocemos todos los fundamentos necesarios y estamos preparados para empezar con los proyectos de diseño reales. En el siguiente capítulo, construiremos primero un práctico gancho para ropa que se fijará al marco de una puerta. Vamos.

6 Proyecto 1: Gancho para abrigo

6.1 Diseñar un gancho

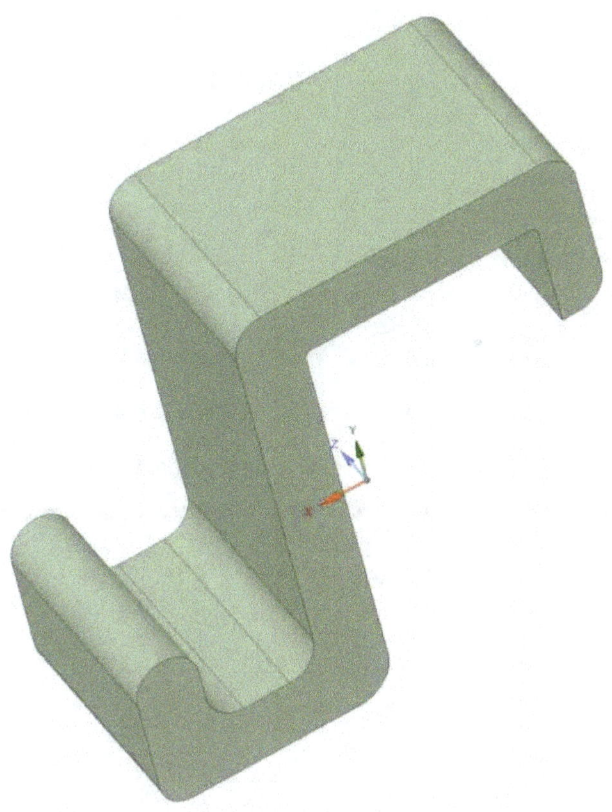

Este gancho tiene una geometría bastante sencilla. Podemos seguir diferentes enfoques como se ha explicado al principio. Para este objeto, se recomienda dibujar la sección transversal del modelo como un boceto en 2D y luego utilizar de nuevo la función "Pull". Así que en el modo 2D primero dibujamos la sección transversal del gancho en un plano del sistema de coordenadas. Inicie la construcción seleccionando el modo de boceto 2D y luego seleccione el eje z o el plano x-y y dibuje la primera línea como se muestra.

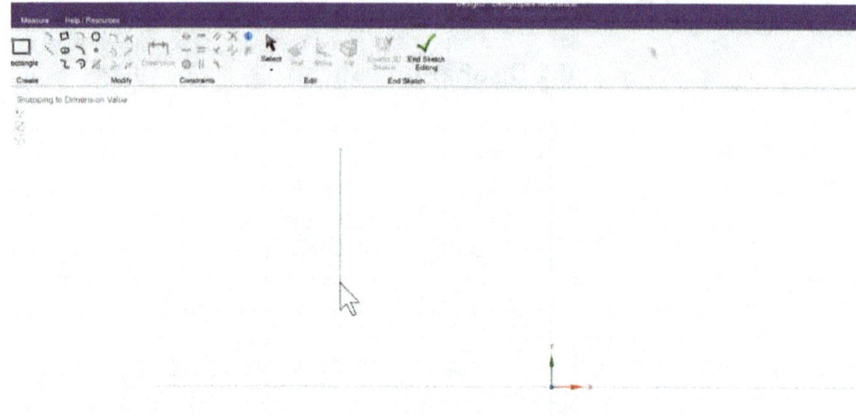

Figura 29: Comienza con una línea vertical de 11 mm de longitud

Complete el perfil con las siguientes líneas y dimensiones:

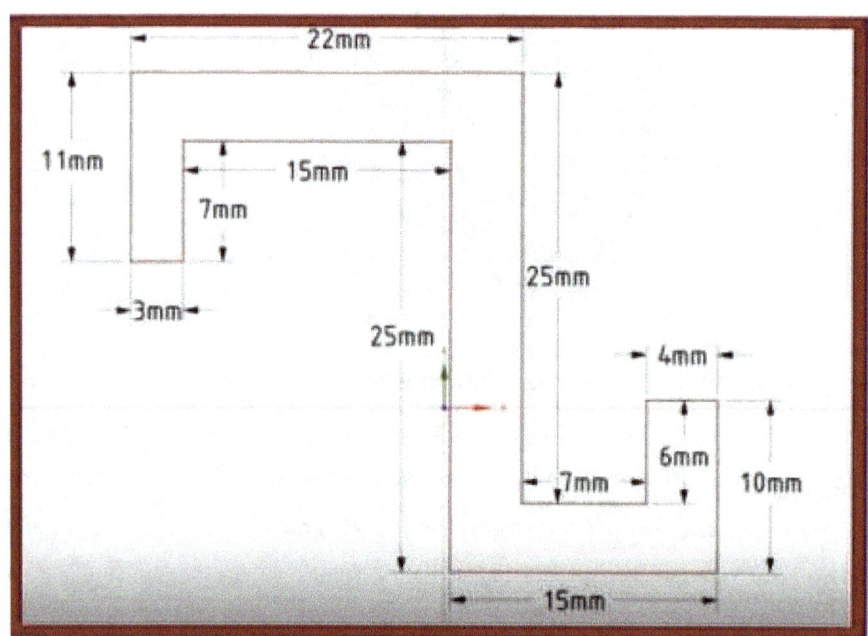

Figura 30: Completa las líneas indicadas

A continuación, puedes abandonar el entorno de dibujo 2D y cambiar al modo 3D. Seleccione la función "Pull" y cree un cuerpo tridimensional a partir de la sección transversal 2D arrastrando en la dirección de la flecha mostrada. Introduzca una dimensión de 15 mm con la ayuda del teclado.

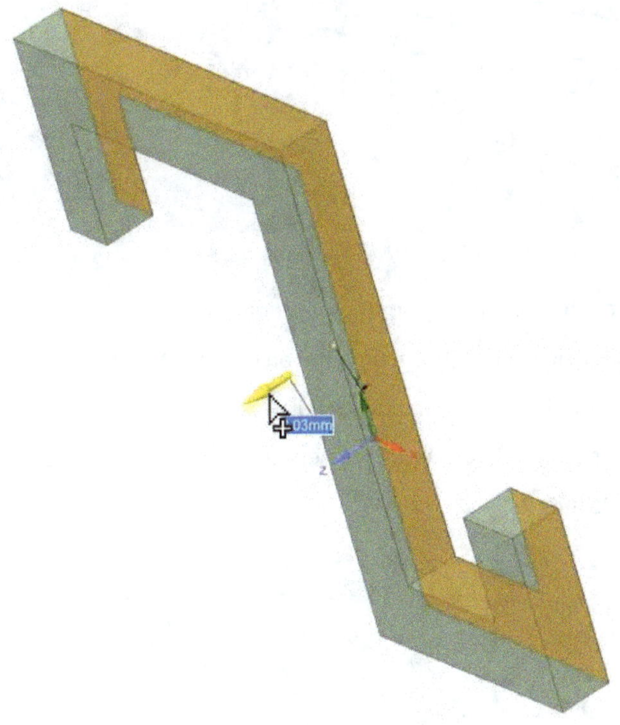

Figura 31: Creación de la forma 3D del mosquetón en modo 3D

Hasta este paso, por supuesto, también podría utilizar la metodología de diseño sustractivo. Intentemos esto para practicar.

Para ello, dibujamos un rectángulo con las dimensiones 33mm y 29mm en modo de boceto 2D y creamos un cuboide con un grosor de 15mm utilizando la función "Pull".

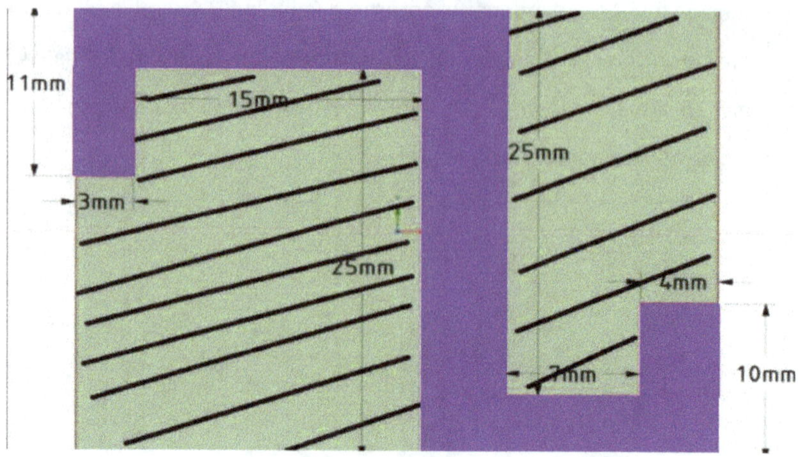

Figura 32: Las áreas sombreadas de la caja (verde) deben ser recortadas

Nota: Como puede ver, el programa cambia automáticamente al modo 3D cuando selecciona la función "Pull". Normalmente, en este punto siempre hacemos clic en Salir del Croquis 2D. A continuación, dibujamos los recortes del material sólido. Para ello, primero creamos un boceto en 2D en la superficie superior - o, por supuesto, en la inferior.

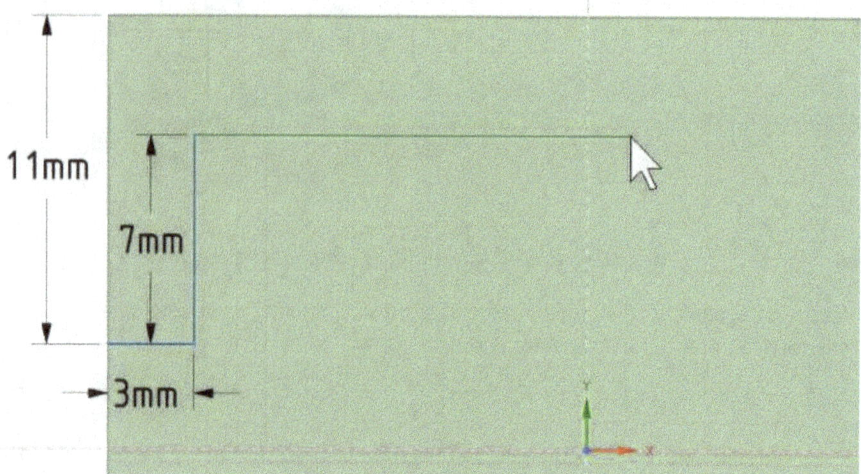

Figura 33: Dibuja las líneas representadas en el cuboide creado
(parte superior o inferior del cubo)

En primer lugar, esboza la mitad izquierda del recorte para la geometría del gancho de ropa. Y luego la mitad derecha. Asegúrate también de que haya dos superficies cerradas para los recortes, es decir, que conectes las líneas en las aristas de la superficie del cubo.

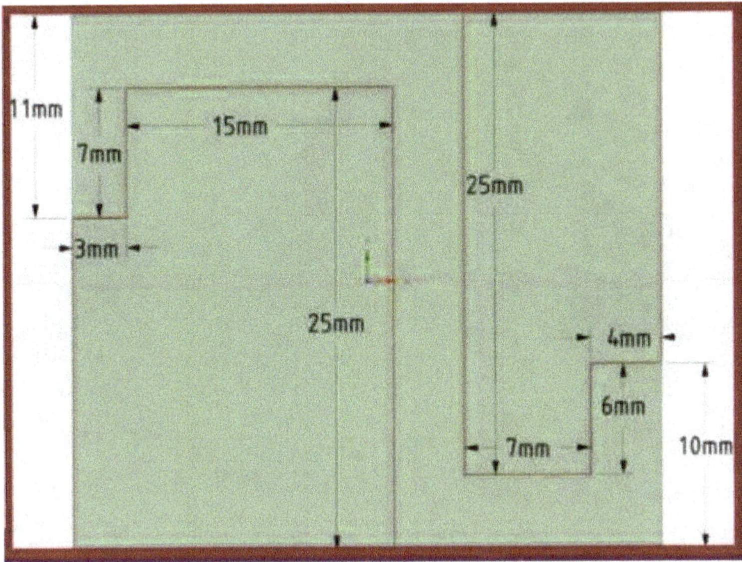

Figura 34: Dibuja las líneas rojas que se muestran

A continuación, puede utilizar la función "Pull" para recortar las caras del sólido. Dos enfoques para una solución idéntica.

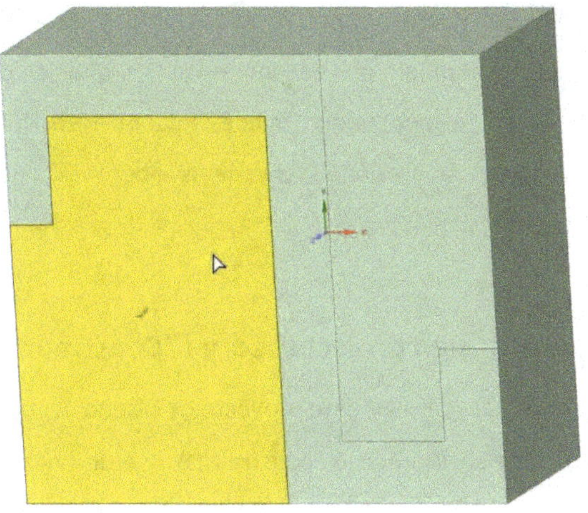

Figura 35: Cortar el material que no se necesita

En el modo 3D, podemos hacer algunos redondeos finales de los bordes. Seleccione todos los bordes deseados con la ayuda de la tecla CTRL. Con la función "Pull" y la selección de "Redondeo" en "Options - Pull" se pueden redondear los bordes.

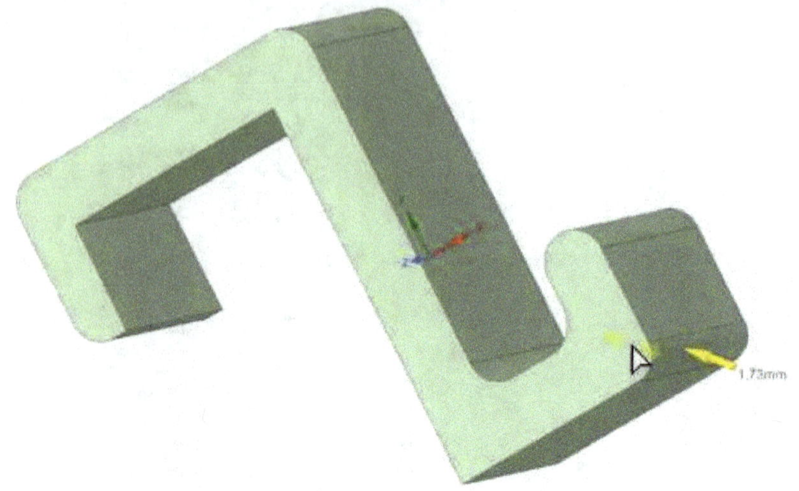

Figura 36: Redondeo de algunos bordes

Por ejemplo, utilice un radio de redondeo de R = 2 mm y R = 1 mm o según su criterio.

¡Perfecto! Entonces el gancho está listo y puede ser guardado. Seleccione el tipo de archivo deseado en "Archivo" y "Guardar como". Si quiere seguir trabajando en el proyecto, se recomienda guardar el archivo como "Archivo mecánico DS" en cualquier caso. Si desea imprimir el objeto con una impresora 3D, también debe seleccionar el formato de archivo ".stl". A continuación, puede cargar este archivo en su programa de corte y prepararlo para la impresión 3D. Si quieres saber más sobre la impresión 3D, considera mi libro Impresión 3D.

6.2 Design project theory : "Constraints"

¡Muy bien! Antes de pasar al siguiente proyecto de diseño, vamos a familiarizarnos con el mundo de las restricciones o "constraints". Puede utilizarlos en el entorno de croquis 2D para crear dependencias entre los elementos geométricos individuales si los necesita.

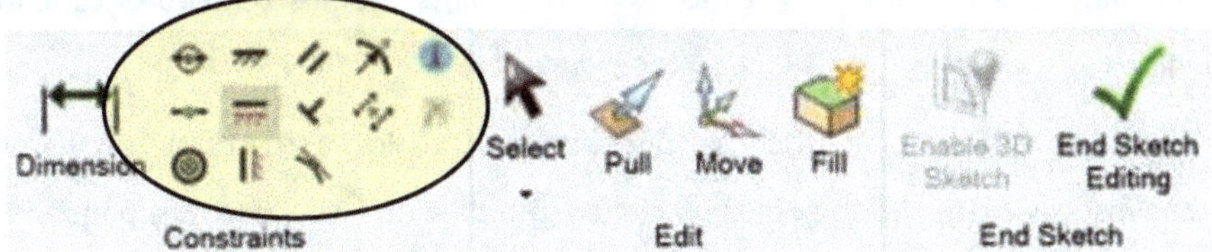

Figura 37: "Constraints" en la pestaña del menú "Sketch"

A continuación, analizaremos las "Constraints" más importantes. Empecemos por las restricciones horizontales y verticales. Supongamos que intentamos dibujar un rectángulo a mano alzada y obtenemos un polígono cuyas líneas no representan un rectángulo.

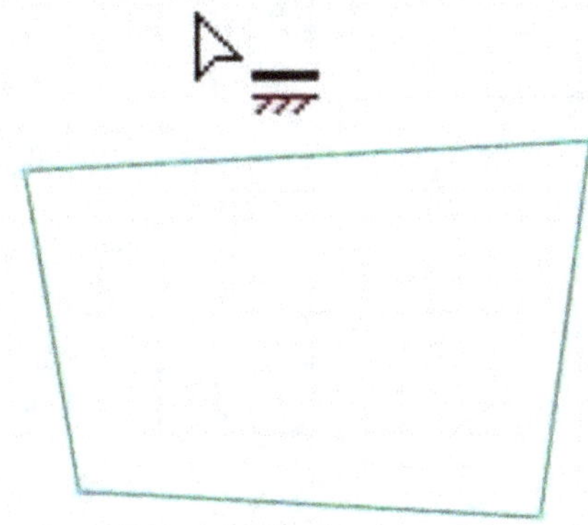

Figura 38: Convertir un polígono en un rectángulo

Seleccionando la condición "horizontal", podemos obtener dos líneas perfectamente horizontales haciendo clic en las líneas superior e inferior.

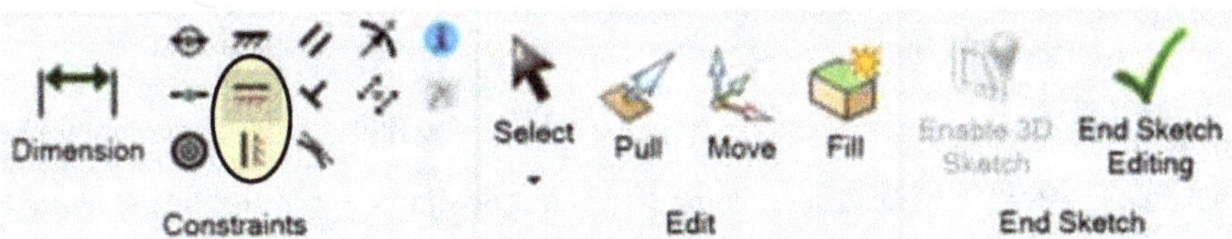

Figura 39: Seleccione la restricción "paralell" o "vertical"

De la misma manera, aplicamos la condición de "vertical" a las líneas laterales y terminamos con un rectángulo. Por supuesto, habríamos alcanzado nuestro objetivo con mayor facilidad si hubiéramos utilizado la función Rectángulo de inmediato, pero para ilustrar estas dos "Constraints" hemos seguido el camino indirecto.

Con la relación "concentric" se pueden colocar dos estructuras circulares concéntricas entre sí. Dibujemos un círculo grande y otro un poco más pequeño. Queremos obtener dos círculos concéntricos, es decir, dos círculos en los que los ejes sean congruentes. Lo conseguimos seleccionando la condición correspondiente y los dos círculos.

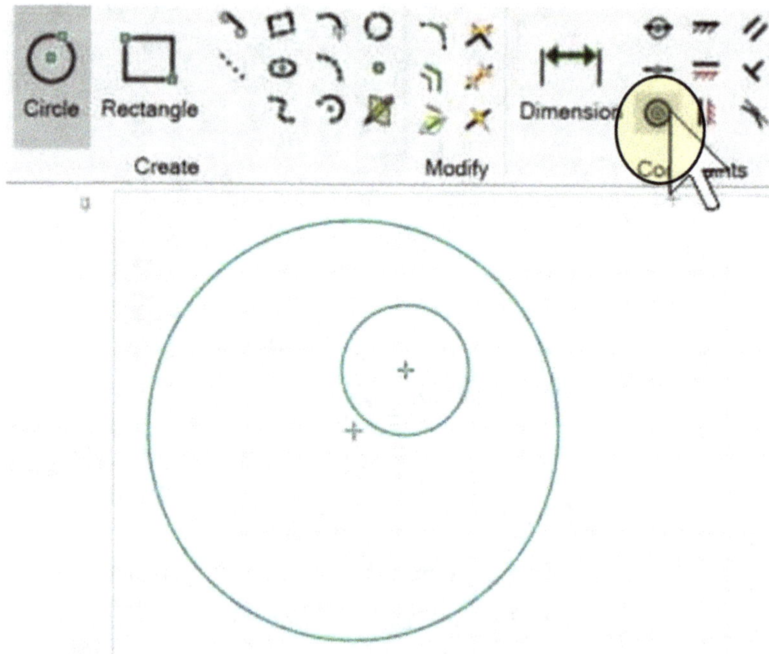

Figura 40: Seleccione la restricción "Concentric" y haga clic en los dos círculos

Las dos restricciones: "Perpendicular" y "Parallel" son relativamente autoexplicativas. No obstante, veamos un pequeño ejemplo con dos líneas. Para la función "Perpendicular" dibujamos las siguientes dos líneas. Seleccionando la condición y seleccionando las líneas, obtenemos como resultado dos líneas que son perpendiculares entre sí.

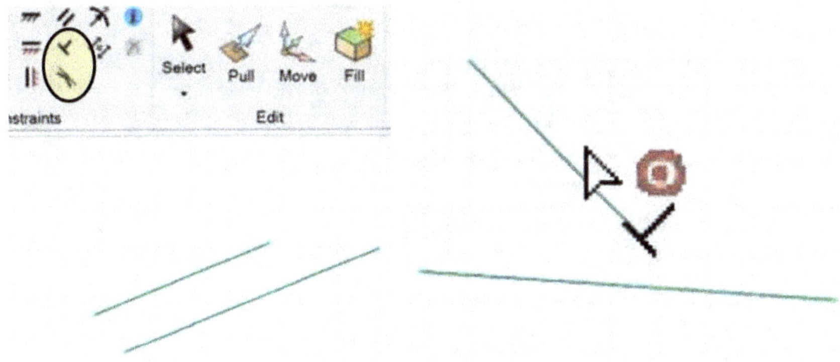

Figura 41: Restricciones "perpendicular y "paralell"

Para "Parallel" dibujamos dos líneas más y obtenemos dos líneas perfectamente paralelas seleccionando la condición.

Utilizamos las "Constraints": "Coincident", es decir, congruente y "Midpoint", es decir, punto medio, siempre que queramos conectar dos puntos o conectar un punto de un elemento con el punto medio de otro elemento. Dibujemos un rectángulo y dos líneas a modo de ilustración.

Queremos conectar la primera línea con un punto de la esquina del rectángulo y la segunda línea con el centro de una de las líneas del rectángulo..

Por cierto: también puede aplicar **varias** "constraints". Por ejemplo, también podríamos aplicar la restricción horizontalmente a esta línea.

Veamos la condición "Tangent". Como el nombre y la pequeña imagen ya indican, podemos utilizarlo para establecer una línea tangencial a un círculo, por ejemplo. Vamos a probarlo. Primero dibuja el círculo, luego una línea y después aplica la condición.

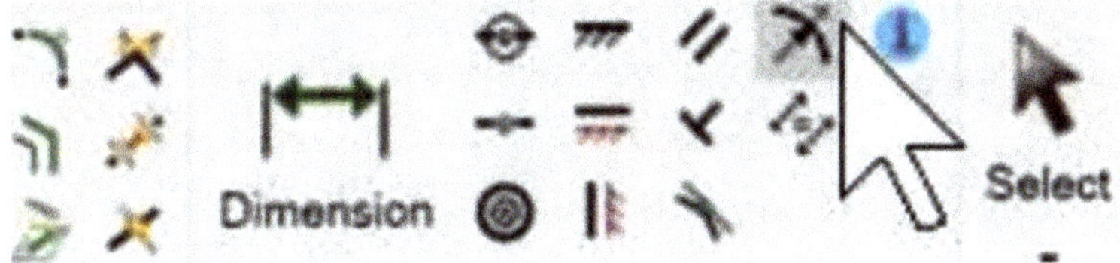

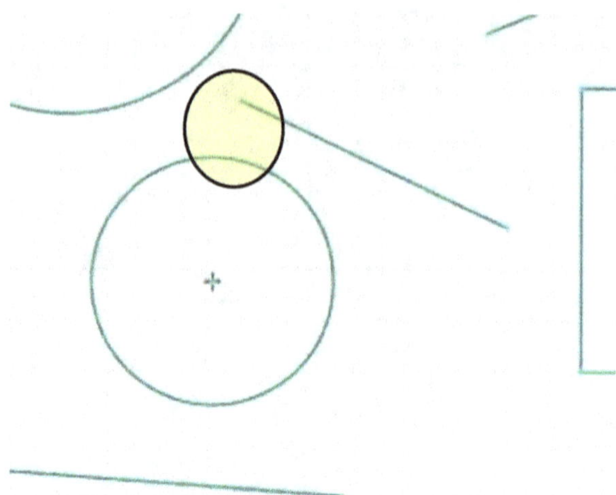

Figura 42: Aplicando la restricción: "tangent"

Pruebe usted mismo las 3 restricciones restantes: "Fixed", "Equal Radius" e "Equal Distance". No te puedes equivocar y el nombre es relativamente autoexplicativo. La restricción "Fixed" simplemente fija un elemento en su lugar en el plano de dibujo y las otras dos proporcionan un radio igual o una distancia igual entre elementos.

Eso es todo para esta pequeña inserción teórica al final de este capítulo. En el próximo capítulo comenzaremos de nuevo con un proyecto de construcción: Aprenderá a crear un mosquetón sencillo. Siga así, ¡valdrá la pena! Los proyectos se vuelven un poco más difíciles y emocionantes con cada capítulo.

7 Proyecto 2: Mosquetón

7.1 Diseñar un mosquetón

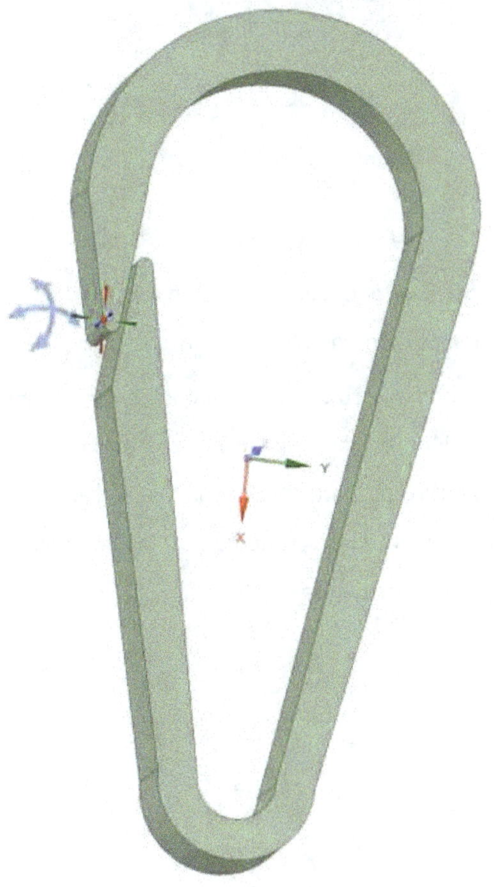

Para el mosquetón volvemos a empezar en un nuevo proyecto como siempre con el modo de croquis 2D y la selección de un plano. Consideremos primero cómo está construido el mosquetón y cómo podríamos construirlo mejor. Si miramos el mosquetón un poco más de cerca, nos damos cuenta de que se puede poner una forma de círculo en la zona izquierda y derecha y los puntales del mosquetón son conexiones tangenciales entre estos círculos. Construyamos el mosquetón de esta manera.

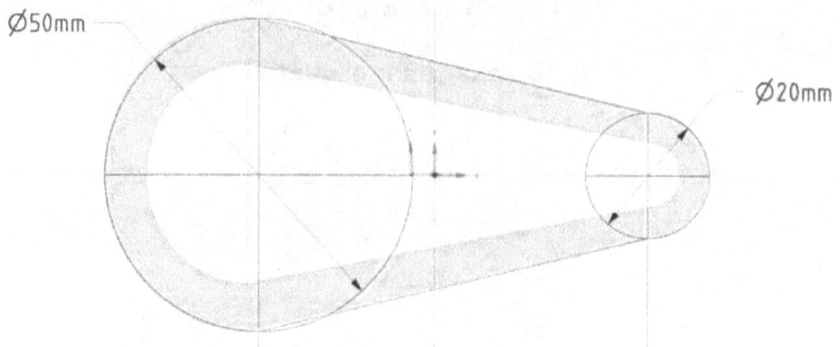

Figura 43: Geometría del mosquetón

Primero dibuja un círculo. Por ejemplo, con un diámetro de 50 mm en un plano del sistema de coordenadas, por ejemplo, el plano x-y.

A continuación, crea otro círculo con un diámetro de 20 mm un poco más a la derecha. A continuación, dibujamos guías horizontales y verticales a través de los centros de los dos círculos para facilitar la fijación de las cotas y las líneas tangentes. En el siguiente paso conectamos las intersecciones de las guías verticales con los círculos mediante dos líneas.

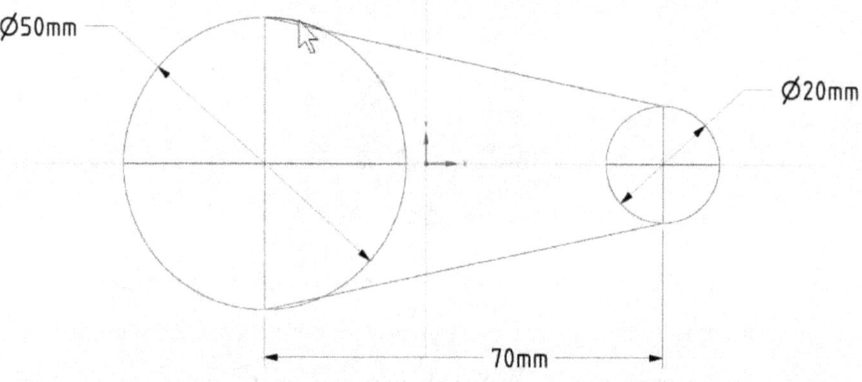

Figura 44: Creación del boceto 2D para el mosquetón

Para obtener una forma autónoma, sólo necesitamos el contorno exterior, así que utilizamos la herramienta "Trim away".

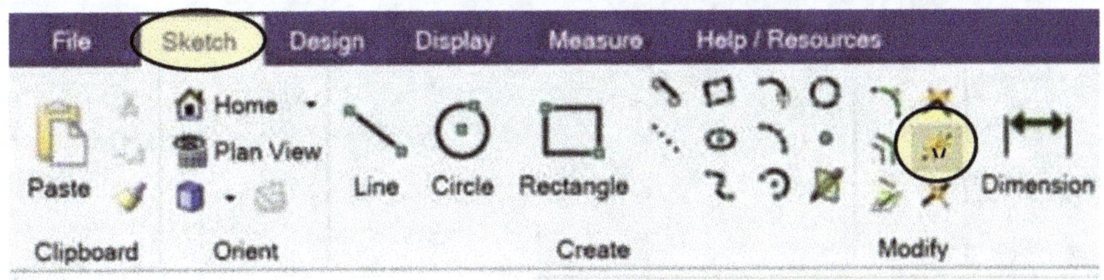

Figura 45: Herramienta "Trim away" de la sección "Modify" en "Sketch"

Utilice esta herramienta para eliminar todos los segmentos de línea superfluos de la siguiente manera:

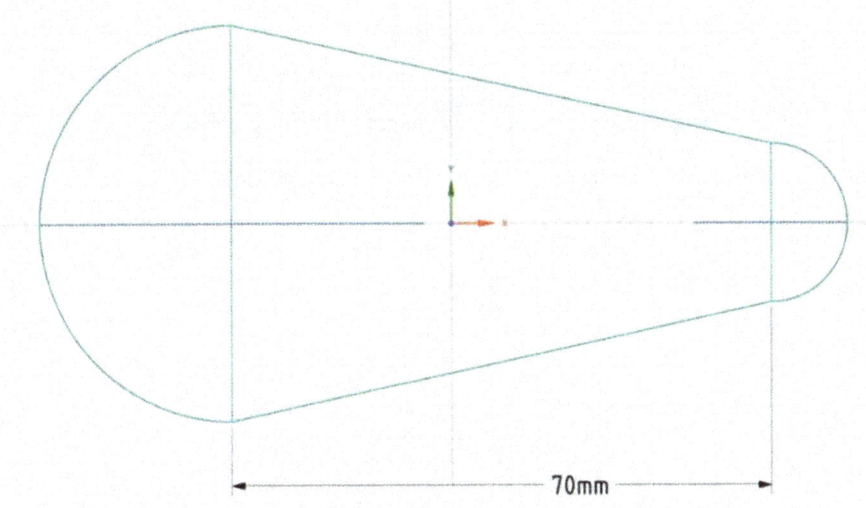

Figura 46: Se han eliminado todas las líneas superfluas

Ahora ya podríamos extruir la superficie. Pero entonces todavía tendríamos que hacer un recorte para conseguir el mosquetón final. Como ya estamos un poco más avanzados, podemos utilizar una solución más rápida y dibujar la sección transversal del mosquetón en un solo paso.

Para ello, añada dos círculos adicionales de 35 y 10 mm de diámetro en el interior del mosquetón y, como en los pasos anteriores, dibuje dos líneas desde los puntos de intersección de los círculos con las líneas auxiliares.

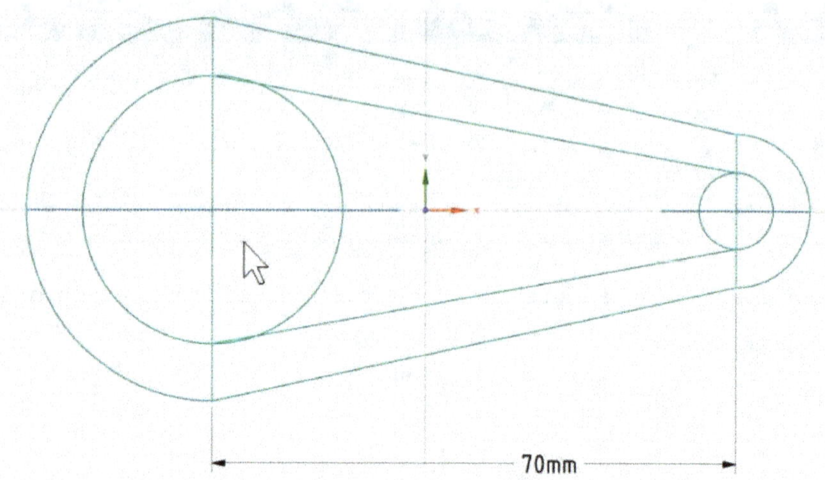

Figura 47: Completar la geometría con dos círculos y líneas tangenciales

A continuación, elimine todos los tramos de línea superfluos utilizando de nuevo la función "Trim away".

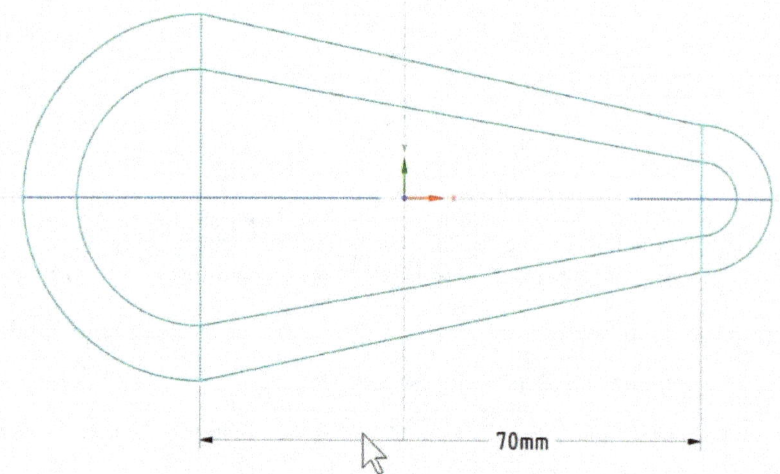

Figura 48: Se han eliminado todas las líneas superfluas

Como puedes ver, nos hemos ahorrado un paso de procesamiento y ahora podemos extrudir la forma básica acabada del mosquetón.

Para ello, cambiamos -como ya se sabe- al modo 3D y volvemos a utilizar la función "Pull". Seleccione la superficie exterior del mosquetón e introduzca un valor de 10 mm.

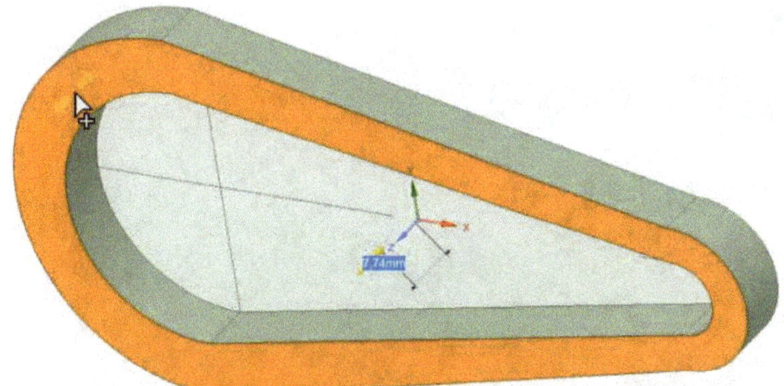

Figura 49: Creación de la geometría tridimensional

Puede eliminar la zona del centro del mosquetón haciendo clic con el botón derecho del ratón y seleccionando "Eliminar".

Para crear una sección para la apertura del mosquetón, cambiamos de nuevo al entorno de croquis 2D y dibujamos una línea a 20° desde la intersección de la línea auxiliar con el mosquetón hasta la línea exterior del mosquetón. La dimension resulta automáticamente de la especificación del ángulo y los puntos finales.

A continuación, trace una segunda línea paralela con una distancia de 2 mm. Por supuesto, podríamos haber integrado este paso en el primer boceto, como habrás podido comprobar.

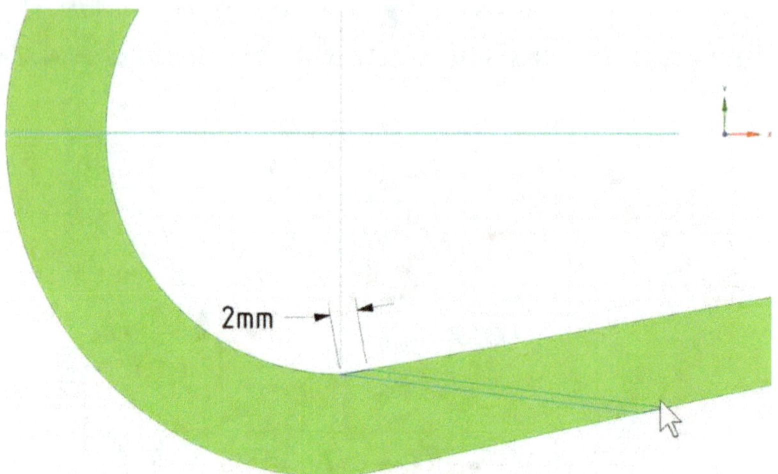

Figura 50: Creación de dos líneas paralelas para el recorte

En el modo 3D podemos entonces seleccionar la zona y arrastrarla hacia el mosquetón, de modo que esta zona se recorte y se cree un hueco para la apertura del mosquetón.

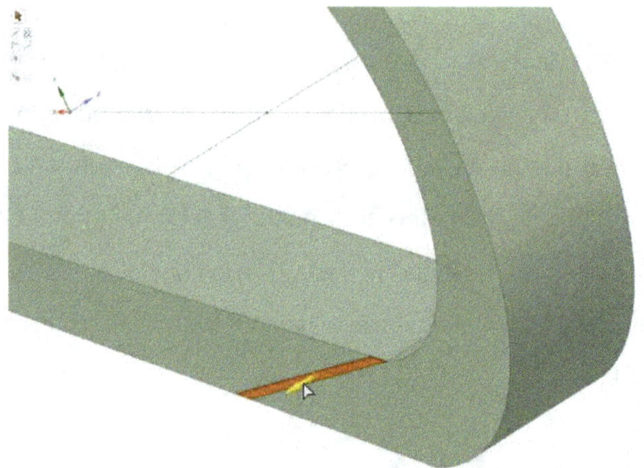

Figura 51: Creación de la sección para la apertura del mosquetón en modo 3D

Por último, redondeamos algunas aristas. Puede elegir libremente los radios de redondeo según sus preferencias.

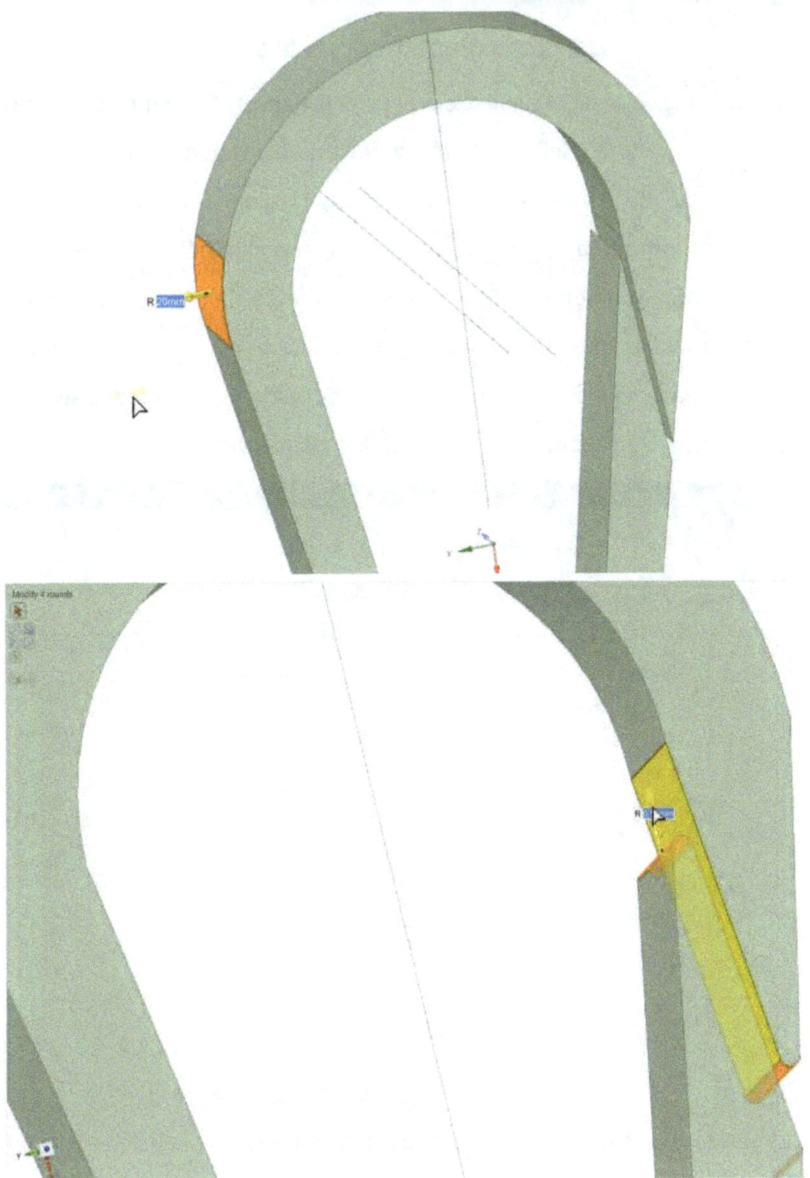

Figura 52: Rounding some edges of the carabiner

7.2 Design project theory: „Modify"

¡Impecable! Antes de pasar al siguiente proyecto, hagamos otra pequeña inserción teórica. Para el boceto 2D del mosquetón conocimos la función "Trim away" de la sección "Modifiy" de este capítulo. Hay algunas funciones más útiles en esta sección que me gustaría presentar brevemente ahora. Para ello ya he preparado algunos elementos geométricos. Con la función "Create rounded corner" puede crear fácil y rápidamente una esquina redondeada a partir de una esquina. Seleccione la línea superior, introduzca el radio deseado y seleccione la segunda línea. El programa crea ahora la esquina redondeada deseada.

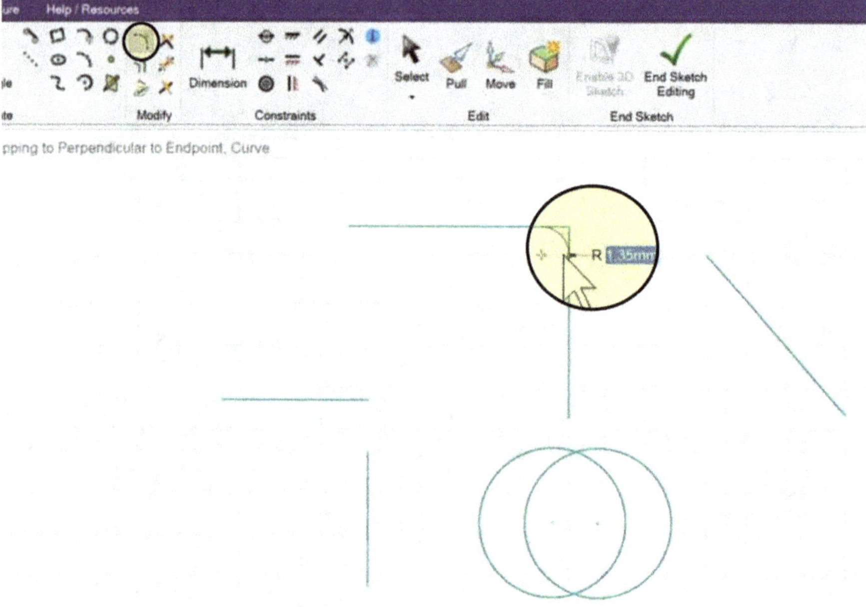

Figura 53: Crear función de esquinas redondeadas desde "Modify" (menú "Sketch")

Con la función "Create corner" puede crear una esquina a partir de dos elementos de línea independientes. Simplemente seleccionando las dos líneas. Las líneas se extienden o acortan para crear una esquina.

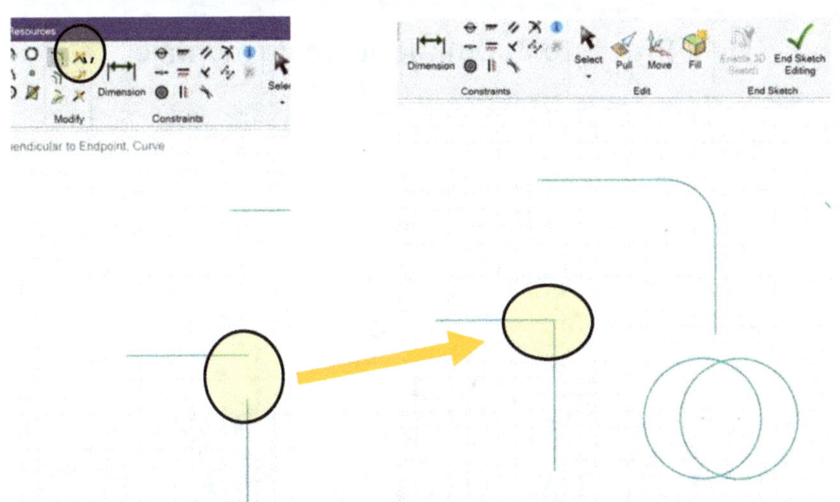

Ya teníamos la función "Trim away". Con esta función puede eliminar los segmentos de línea superfluos.

Por último, veamos la función "Split curve".

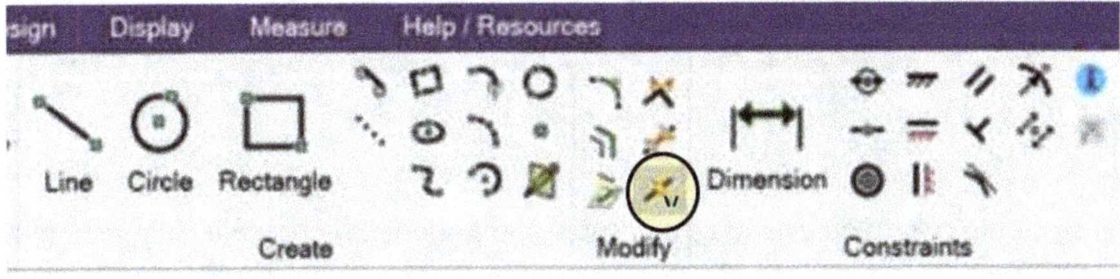

Podemos utilizarlo cuando queramos dividir un elemento, como una línea, en un punto concreto. Seleccione la línea y especifique un punto. Verá que la línea se divide en dos líneas en ese punto. Si eliminamos la relación existente, podemos mover el elemento para ilustrarlo y ver mejor el punto de división.

8 Proyecto 3: Componente de montaje

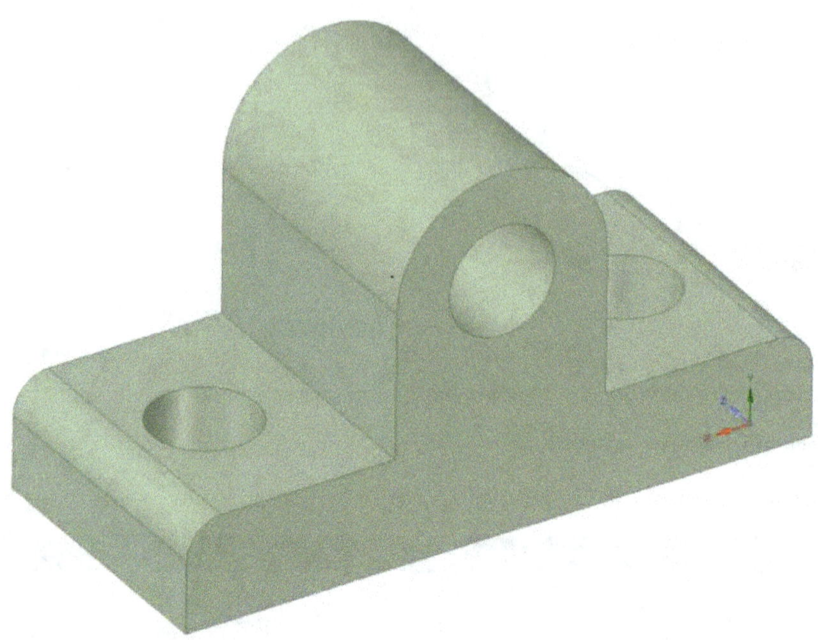

El siguiente objeto de diseño es un simple componente de montaje. Se puede fijar con la ayuda de dos tornillos y se utiliza, por ejemplo, para sujetar un eje.

Comenzamos de nuevo con el dibujo de la sección transversal del componente en el entorno de croquis 2D. Un consejo: Dibuja la parte frontal del objeto. Puede elegir las dimensiones libremente. Y extrúyelo después con "Pull".

También puede seguir con el libro y simplemente probarlo después.

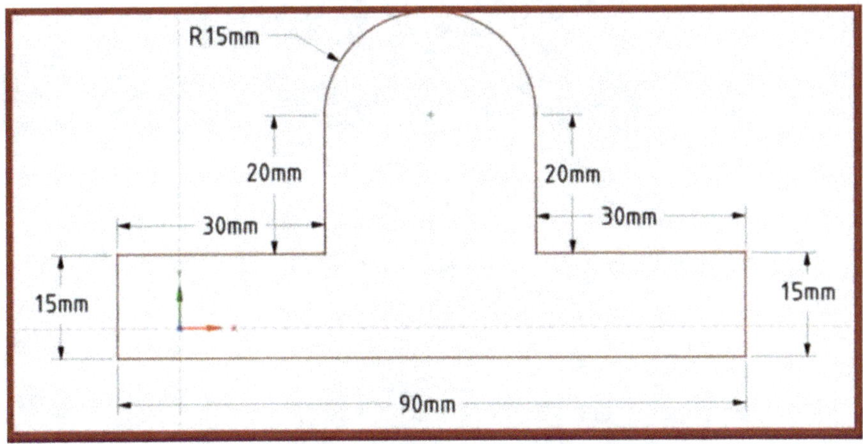

Figura 54: Dimensiones y geometría del componente de montaje

Primero dibuja una línea base de, por ejemplo, 90 mm y luego dibuja los "hombros" del objeto con 15 mm de altura y 30 mm de ancho cada uno.

Figura 55 Primeros pasos / líneas para la geometría 2D de la pieza

Luego necesitamos una extensión de 20mm de altura y finalmente utilizamos la función "Tantengital arc" para crear un semicírculo. Después de seleccionar la función, haga clic en los dos extremos superiores del perfil dibujado y verá cómo se estira el arco. A continuación, puede determinar el radio del arco con, por ejemplo, R = 15 mm.

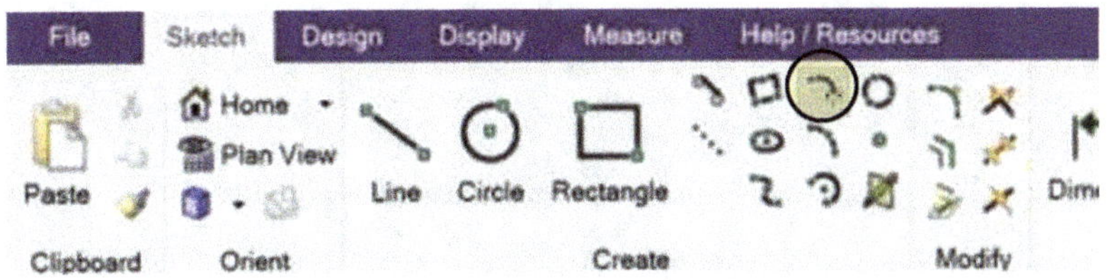

Figura 56: Function "Tangential Arc" to complete the sketch

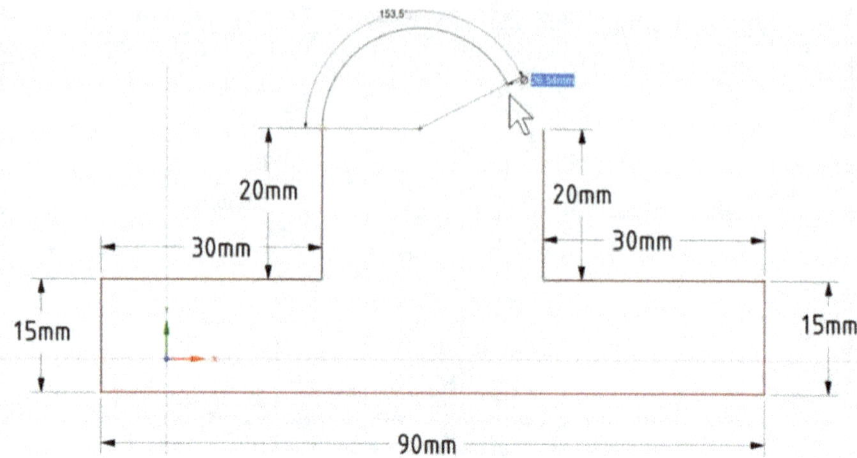

Figura 57: Completar el boceto del componente de montaje

A continuación, cree la pieza 3D como de costumbre utilizando la función "Pull".
Puede utilizar 40 mm, por ejemplo.

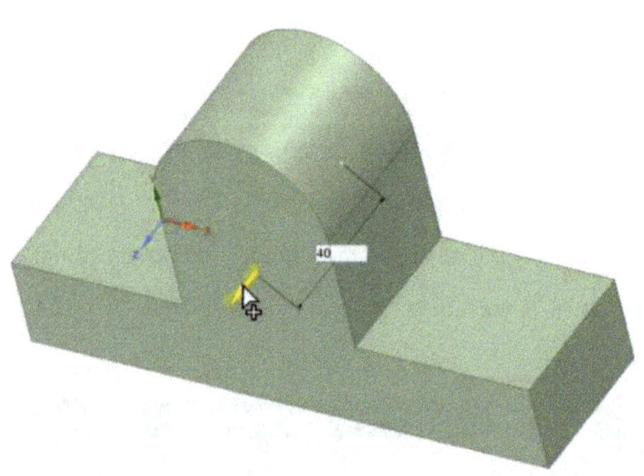

Figura 58: Transformar la superficie 2D en una pieza 3D

En el siguiente paso creamos el agujero en la parte superior del componente. Para ello, es necesario volver a cambiar al modo de croquis 2D y seleccionar una vista adecuada. Por ejemplo, la superficie frontal del objeto.

Dibuja un círculo de 15 mm de diámetro en el punto de partida del semicírculo superior. También puede dibujar el círculo y ponerlo concéntrico al semicírculo con una condición.

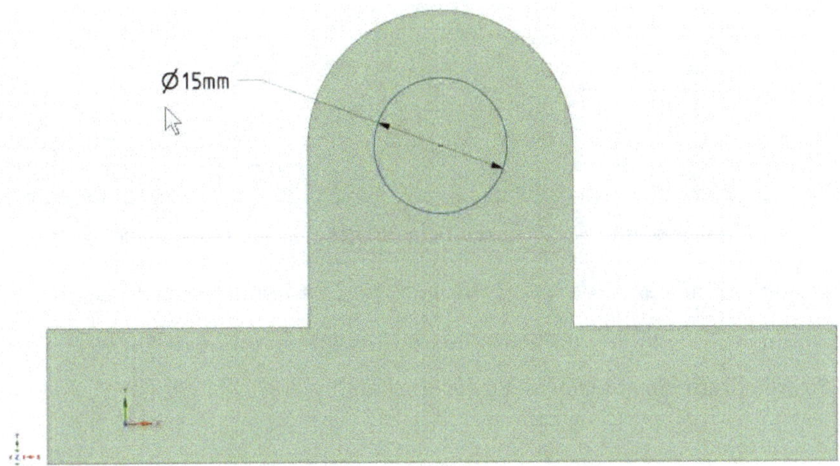

Figura 59: Creación de la geometría del círculo para el agujero de la parte delantera

Tal vez ahora se dé cuenta de que, al igual que con el objeto anterior, también podría integrar este paso en el primer boceto 2D. Muy bien!

Una vez terminado el boceto, se puede perforar el agujero en el entorno 3D haciendo clic en "Pull".

Para los dos agujeros de fijación de los "hombros", cambie de nuevo al entorno de croquis 2D y seleccione una vista con la que pueda observar el componente desde arriba, es decir, preferiblemente la llamada vista superior. A continuación, dibuje dos líneas auxiliares en cada una de las dos "superficies de los "hombros" del componente entre los centros de los bordes de las superficies de los "hombros".

Con la ayuda de estos, podemos colocar dos círculos con un diámetro de 15 mm cada uno perfectamente en el centro sin necesidad de dimensionar más. Por supuesto, también puede guardar las líneas auxiliares y simplemente hacer una acotación desde el centro del círculo hasta las líneas laterales de las "superficies de los hombros".

Figura 60: Geometría circular y líneas auxiliares para los agujeros en las superficies laterales

A continuación, tiramos de las superficies de perforación en modo 3D para eliminar el material. Por último, redondeamos los bordes de las dos superficies de los hombros y terminamos la pieza de esta manera.

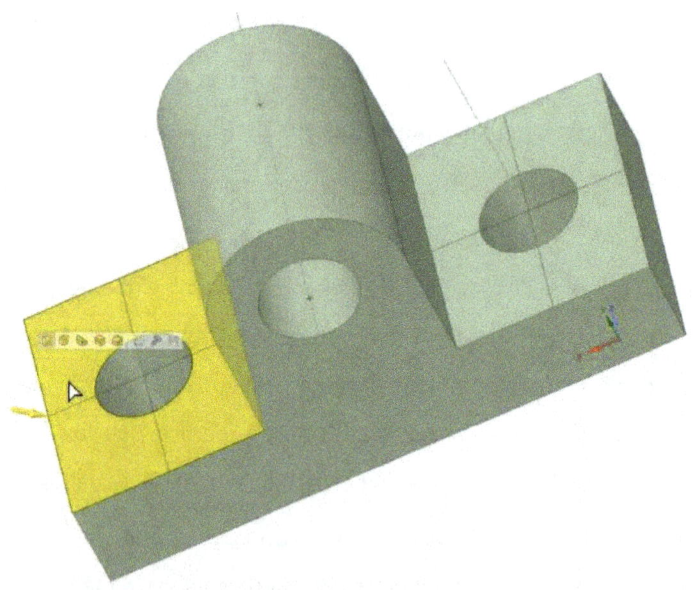

Figura 61: La pieza está casi terminada. Falta el redondeo de los bordes

9 Proyecto 4: Soporte para smartphone

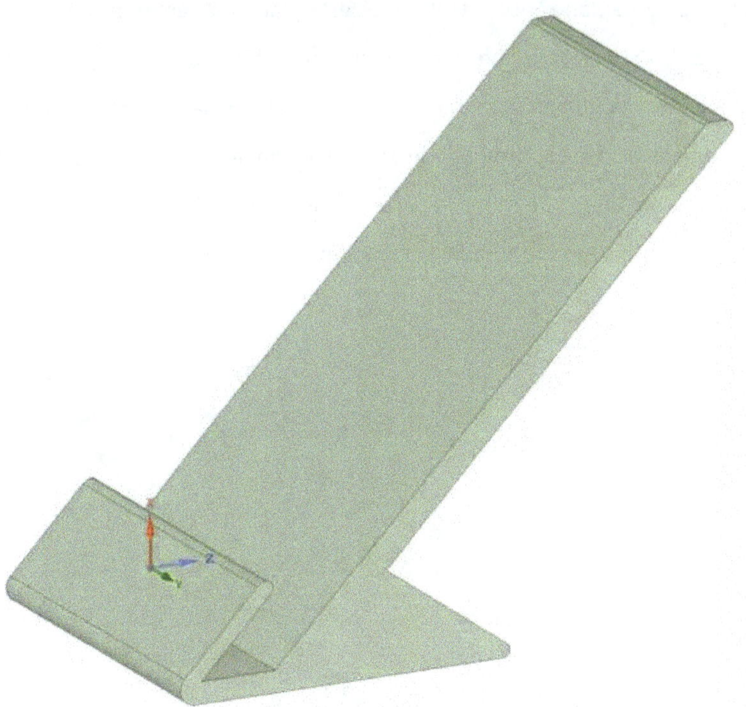

En este capítulo queremos crear un soporte para el smartphone. Es posible que tenga que adaptar las dimensiones a su propio smartphone.

Para el soporte del smartphone, vamos a empezar con una línea de 50 mm de longitud y alineada horizontalmente en el plano y-z. Para ello, primero debemos seleccionar la vista correcta y luego seleccionar el botón "Select New Sketch Plane" en la parte inferior.

Figura 62: "Select new sketch plane"

A continuación, hacemos clic en la vista mostrada. Pero, ¿por qué estamos dibujando en este plano ahora? Utilizamos este plano y-z para que al final las vistas "Isométrica", "Superior", "Inferior", "Izquierda", "Derecha", etc., se muestren correctamente, ya que en este caso estamos dibujando la sección transversal o la superficie lateral del soporte del smartphone. Imagineselo espacialmente y lo entenderás. Sólo hay que mirar la parte desde el lado. Dibujaremos la superficie lateral, mostrada aquí sombreada, para poder extruir el elemento 3D.

Figura 63: Vista seccional del soporte; tenemos que dibujar esta superficie

Si no lo entiendes de inmediato, puedes hacer un croquis en cualquier otro plano y luego hacer clic en las vistas y lo entenderás.

Empecemos con una línea de 50 mm de longitud y horizontal (1) en el plano y-z.

A continuación, añadimos al boceto uno por uno, con una línea de 20 mm a 45 grados (2) y otra de 23 mm a 35 grados (3). A continuación, se traza una línea horizontal de 3 mm (4) y otra de 16 mm (5), paralela a la segunda línea trazada para la base. Continúe con una línea horizontal de 10 mm (6). Por cierto, puede cambiar fácilmente entre el campo de entrada para la dimensión y el campo para el ángulo utilizando la tecla de tabulación.

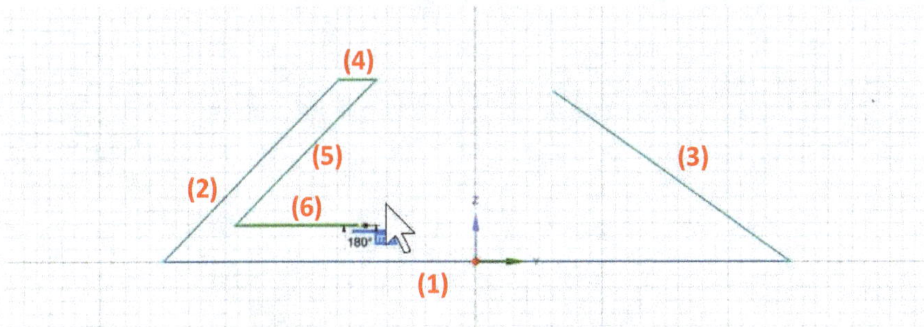

Figura 64: Las primeras líneas de la geometría 2D

Ahora tenemos que crear la superficie de apoyo para el smartphone. Para ello, trazamos una línea de 85 mm a 135 grados (7), una línea horizontal de 5 mm (8) en la parte superior y otra línea (9) de unión para completar el perfil.

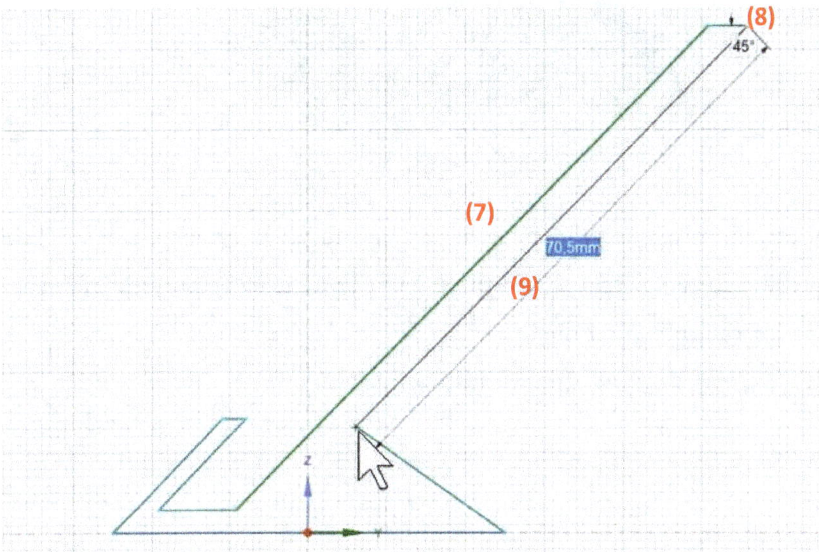

Figura 65: Completar el perfil

Ahora nuestro perfil de sección transversal está listo y podemos cambiar al modo 3D y crear el modelo tridimensional utilizando la conocida función de "Pull". Utilice 50 mm como dimensión.

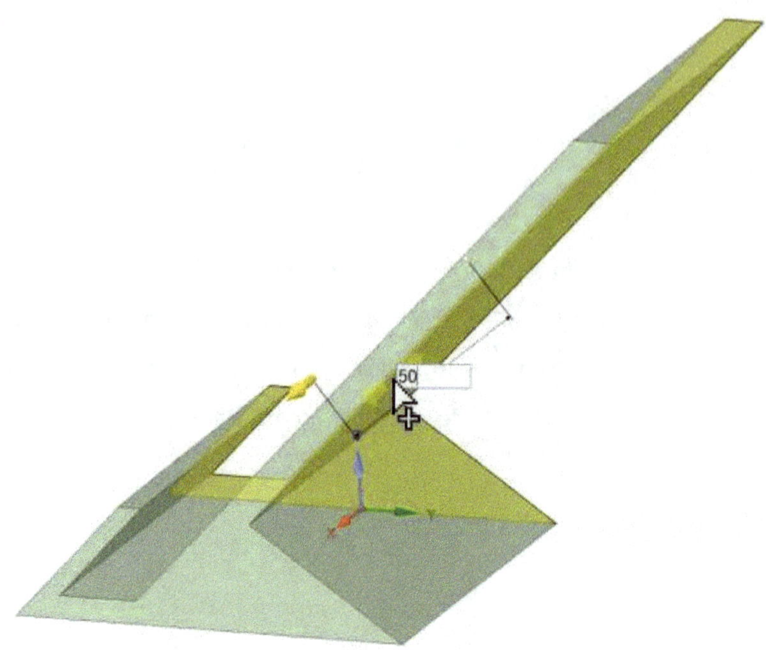

Por último, volvemos a redondear algunas aristas de la siguiente manera: Fondo delantero con 2mm, fondo trasero con 1mm. La parte delantera trasera y la parte superior, cada una con 2 mm.

Muy bien. Continuar con el siguiente capítulo.

10 Proyecto 5: Tazón

En el siguiente proyecto, vamos a ver un objeto que a primera vista parece un poco más complejo de construir: un tazón o bol. Por ejemplo, podríamos empezar la construcción con dos círculos en dos planos diferentes y luego conectarlos.

También podemos crear la pieza de otra manera. Pero más adelante hablaremos de ello. Primero vamos a ir por el camino más elaborado para conocer una nueva característica. Para la parte inferior del bol, utilizaremos primero una geometría circular simple. Comience en el modo de boceto 2D y dibuje un círculo con un diámetro de 70 mm.

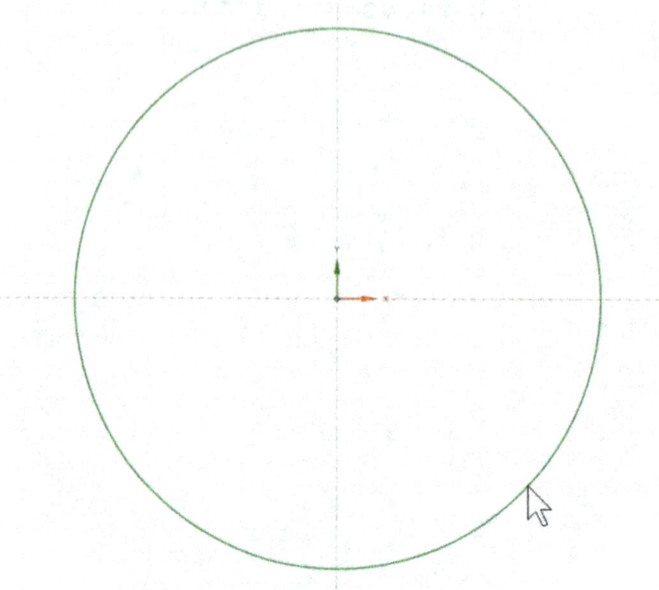

Figura 66: Traza un círculo de 70 mm en el plano x-y

Para el extremo superior de la cáscara creamos ahora -en modo 3D- una capa adicional seleccionando la función "Plane" - se encuentra en la sección de menú "Design" - y haciendo clic en el área circular creada anteriormente.

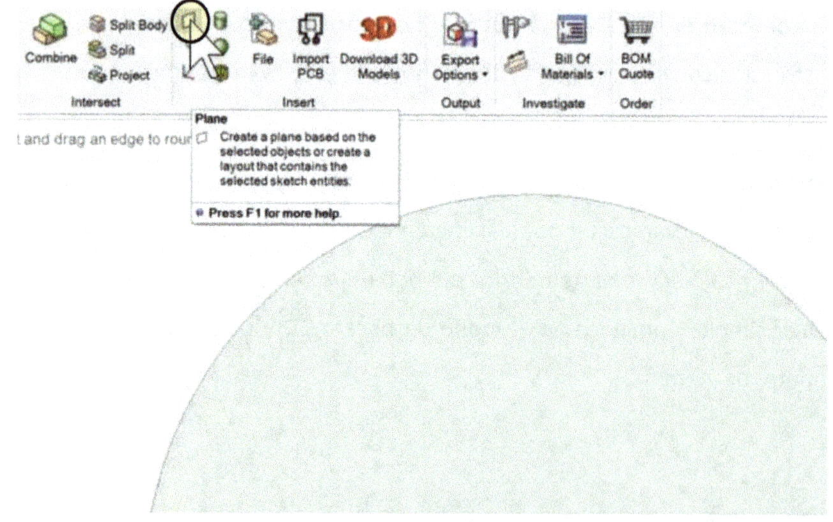

Figura 67: Crear un nuevo plano

Ahora seleccionamos el plano creado y lo movemos con la función "Mover" en la dirección del eje z (flecha azul de coordenadas). Introduzca una dimensión de 80 mm.

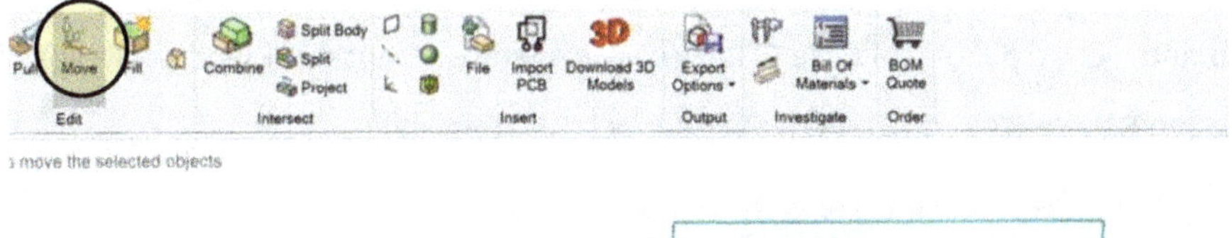

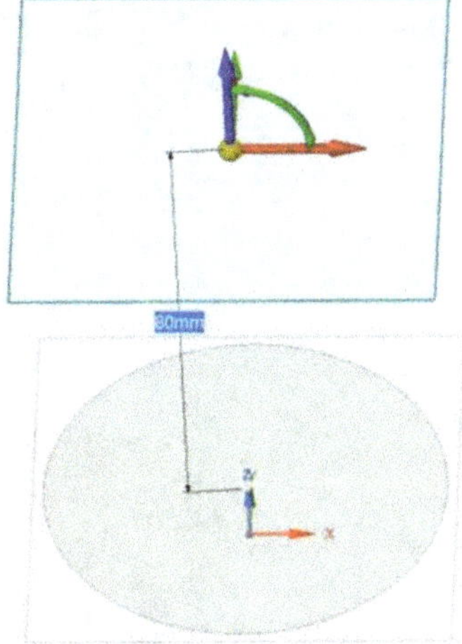

Figura 68: Mover la capa creada (azul claro) con "Move"

A continuación, inicie un boceto en 2D en el plano recién creado y cambie a la vista superior. Primero seleccione el plano y luego dibuje un círculo con un diámetro de 150 mm en el centro del sistema de coordenadas.

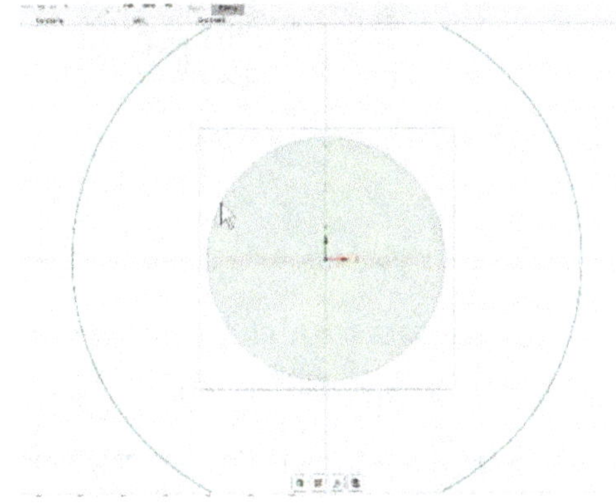

Figura 69: Crea un círculo de 150 mm de diámetro en el nuevo plano

Asegúrese de que está en el modo de boceto 2D para este paso y que ha seleccionado el plano.

A continuación, volvemos al modo 3D y hacemos clic en las dos áreas circulares - manteniendo pulsada la tecla CTRL- y seleccionamos la función "Blend" o "Rellenar y conectar el área" en el menú "Design" y la sección "Edit".

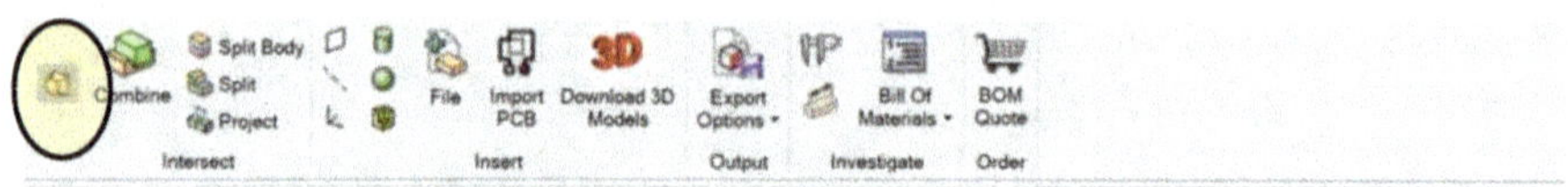

Figura 70: Aplicar la función "Blend" para obtener un cono

El programa utiliza esta función para crear un área de relleno en forma de cono entre las dos caras seleccionadas. Práctico, ¿no? Por cierto: Haciendo clic con el botón derecho del ratón en la capa seleccionada y seleccionando "Hide", puede, si lo desea, ocultar la capa creada.

Gracias a esta característica hemos obtenido un cono sólido. Sin embargo, para la cáscara, todavía necesitamos una cavidad. En el penúltimo paso, por tanto, seleccionan la función "Shell" y hacen clic en la superficie superior del objeto creado. Elija un grosor de pared de, por ejemplo, 5 mm. ¡Ya casi está!

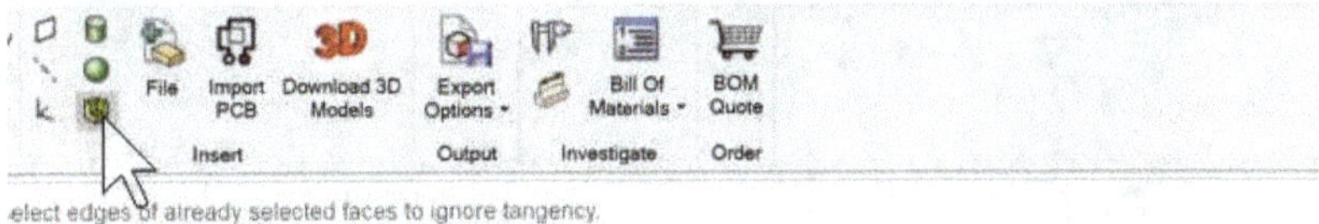

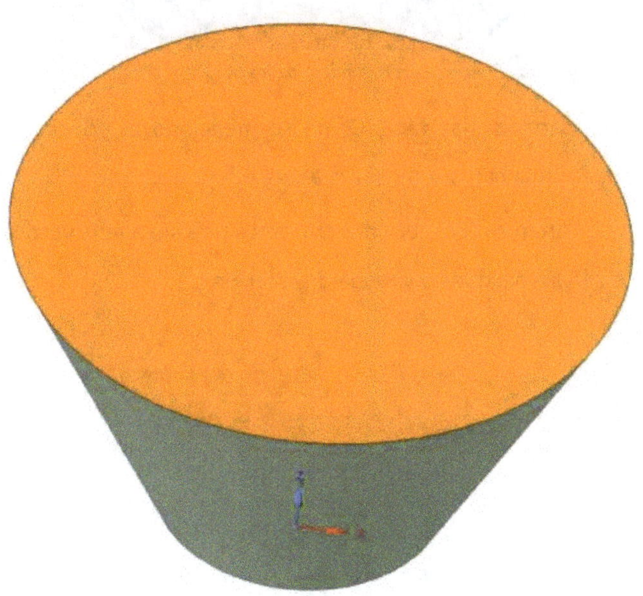

Figura 71: Aplicar la función "Shell" para obtener un cono hueco

Por último, podemos hacer algunas curvas para dar a la cáscara un diseño más bonito. Por ejemplo, lo siguiente: Utilicemos un radio de 2,5 mm para los dos bordes superiores del caparazón y un radio de 10 mm para el borde del fondo.

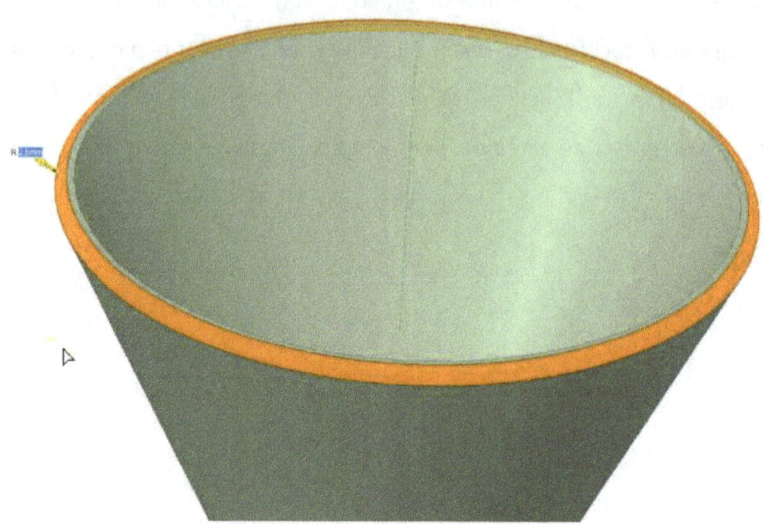

Figura 72: Aplicar los redondeos de los bordes al cono ahuecado

Intentemos el camino más fácil. Como se mencionó al principio del capítulo, podemos construir la cáscara de una manera diferente.

Esto es lo que haríamos: Primero nos trazamos una línea guía vertical en el plano x-z, que nos servirá después como eje de rotación.

Figura 73: Línea auxiliar vertical para la rotación; la longitud se puede elegir

Ahora imagina que cortamos la cáscara desde arriba. Entonces obtenemos dos mitades de la cáscara.

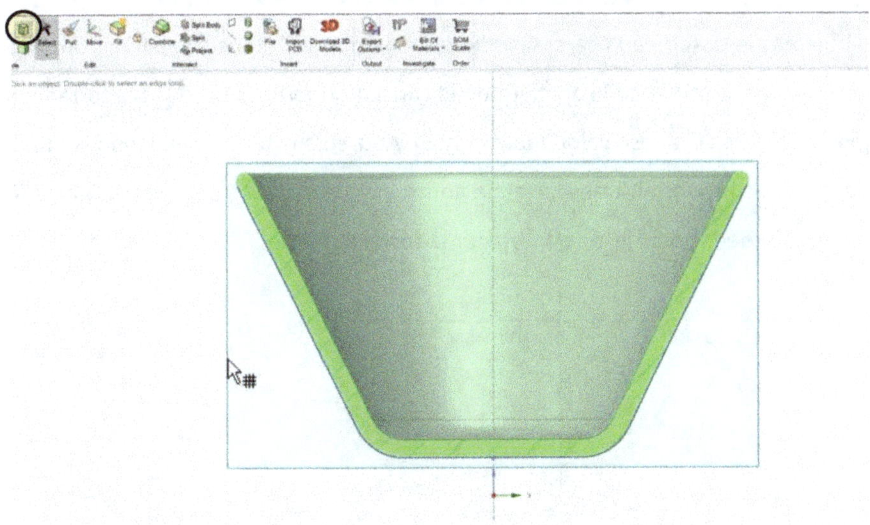

Figura 74: Vista en sección de la cubeta

<u>Nota:</u> Para obtener la vista en sección de un componente, primero debe crear un plano seleccionando el icono "Plane" y seleccionando el eje z. A continuación, seleccione la función "Section mode" y seleccione el plano creado anteriormente. El programa creará ahora una vista en sección.

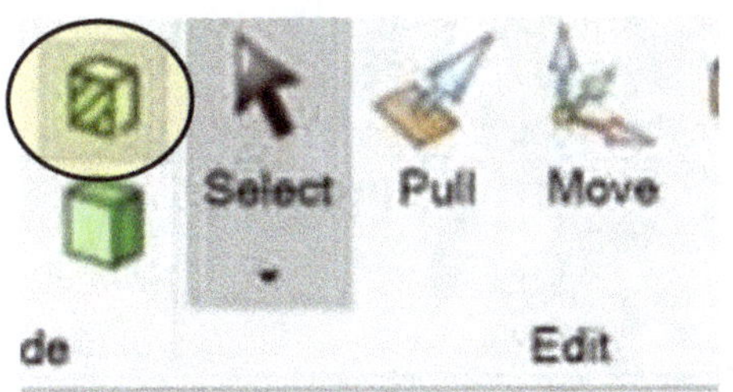

Figura 75: "Section mode" para crear la vista de sección

Tenemos que dibujar la vista de sección, que se crea con esta acción, en el plano x-z, para girar después una cáscara completa a partir de ella mediante la rotación. El plano x-z porque queremos ver la superficie de corte desde el frente. Por cierto, dibujamos sin los filetes de los bordes. Simplemente los añadimos al final. Pero probemos esto, entonces seguramente entenderás mejor lo que se quiere decir.

Para trazar el área de la sección transversal, dibujamos una línea de base de 35 mm, que es la mitad de la anchura de la cáscara en la parte inferior. A continuación, dibujamos la pared de la carcasa y dimensionamos la distancia superior como 75 mm, que es la mitad de la anchura de la carcasa superior. Como la pared tenía 5 mm, queremos usar ese valor aquí también. Aquí sólo estamos dibujando la mitad del perfil de la sección transversal de antes, ya que vamos a girar esta mitad 360 grados alrededor del eje z para obtener la cáscara.

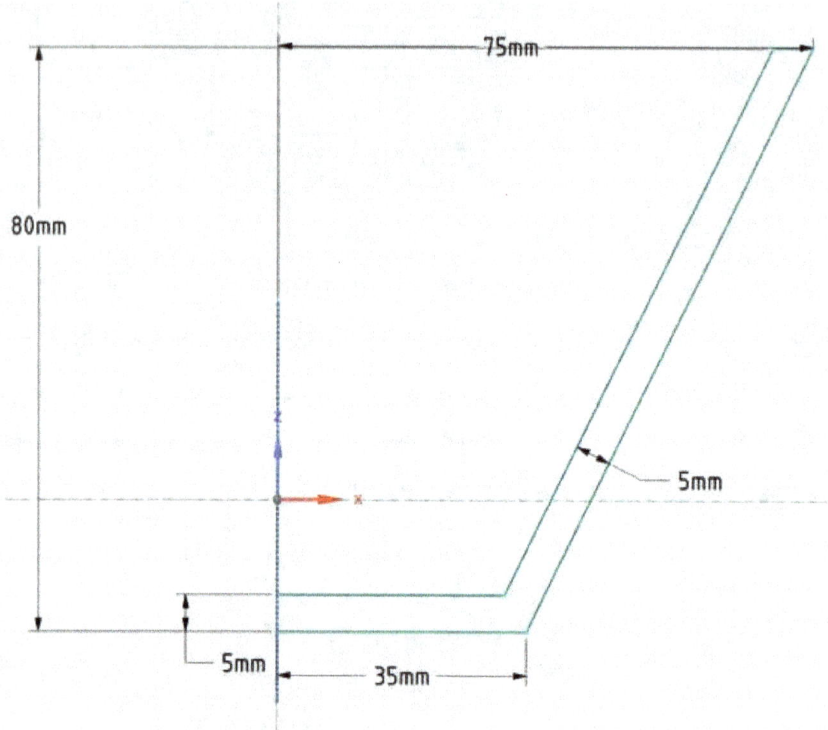

Figura 76: Geometría y acotación del croquis de la sección transversal (mitad)

Una vez que hayamos cerrado el boceto con otra línea, podemos girarlo alrededor del eje de rotación seleccionando la función "Pull" y seleccionando "Revolve" en la esquina superior izquierda.

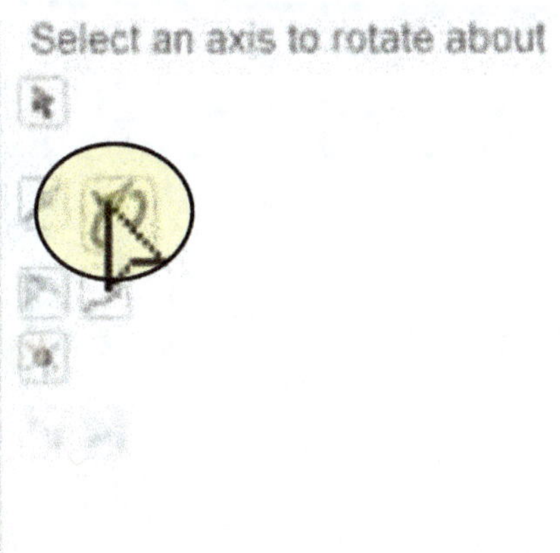

Figura 77: Selección de "Revolve" en la esquina superior izquierda después de la selección de "Pull"

Para ello, primero seleccionamos el eje de rotación, es decir, nuestra línea auxiliar en la dirección z, y en el segundo paso seleccionamos la superficie dibujada. Introduzca el valor 360 grados para una rotación completa.

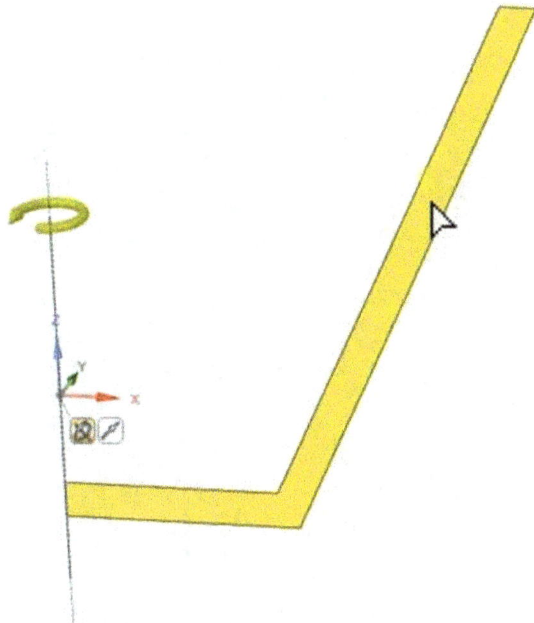

Figura 78: Selección de la superficie y el eje para iniciar una rotación

Esta es una forma rápida de obtener la cáscara deseada.

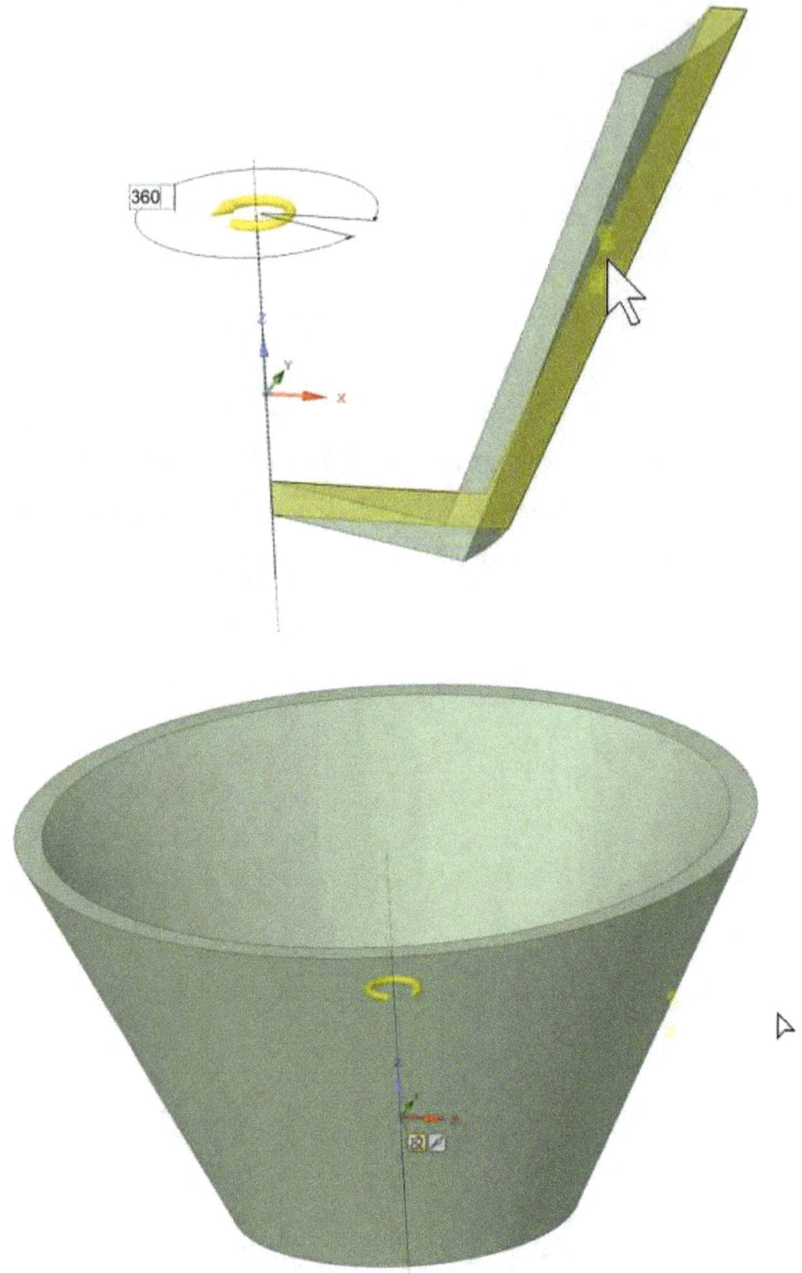

Figura 79: Rotación de la cubeta y de la cubeta terminada (360°)

Como último paso se pueden añadir los filetes de nuevo. Como puede ver, hay varias y diferentes maneras de alcanzar la meta de construcción. Dependiendo de cuál elijas, podrás construir más rápido y/o más fácil. Si construyen algo de vez en cuando y piensan espacialmente, desarrollarán este sentido del método más rápido y fácil después de un tiempo. ¡Sigamos adelante! En el próximo proyecto diseñaremos -a juego con el cuenco- ¡una taza!

11 Proyecto 6: Taza

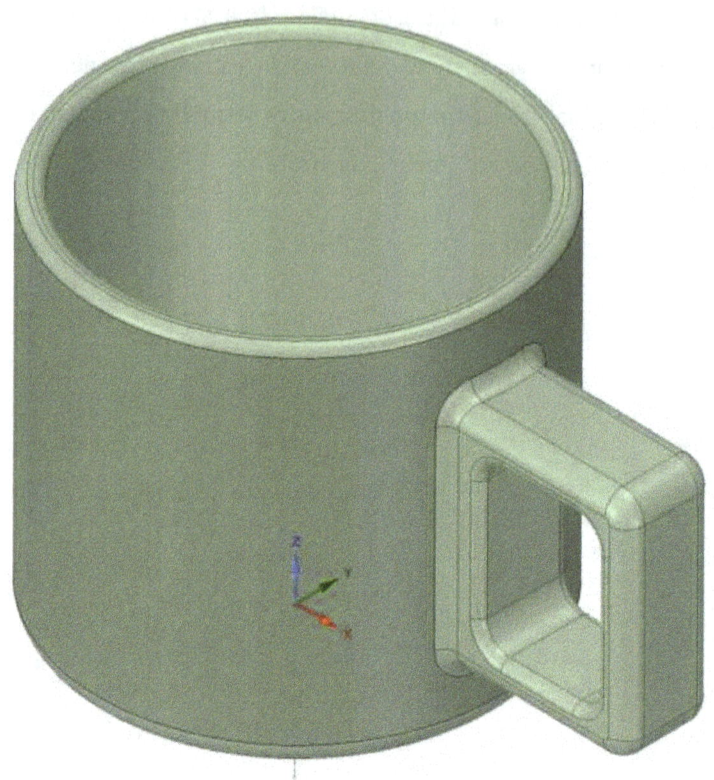

A continuación, queremos construir una taza que incluya un asa. Preste atención a la combinación de procesos aditivos y sustractivos que se pretende realizar en este proyecto. Comience con una geometría circular en el entorno de croquis 2D en un nuevo proyecto. El diámetro podría ser de 90 mm, por ejemplo.

Cambia AL entorno 3D y crea un cilindro a partir del boceto utilizando la función "Pull". Aquí se utiliza una dimensión de 80 mm. A continuación, utilice la conocida función "Shell" para ahuecar la taza. Aquí elegimos un grosor de pared de 5 mm.

e to shell without removing a face.

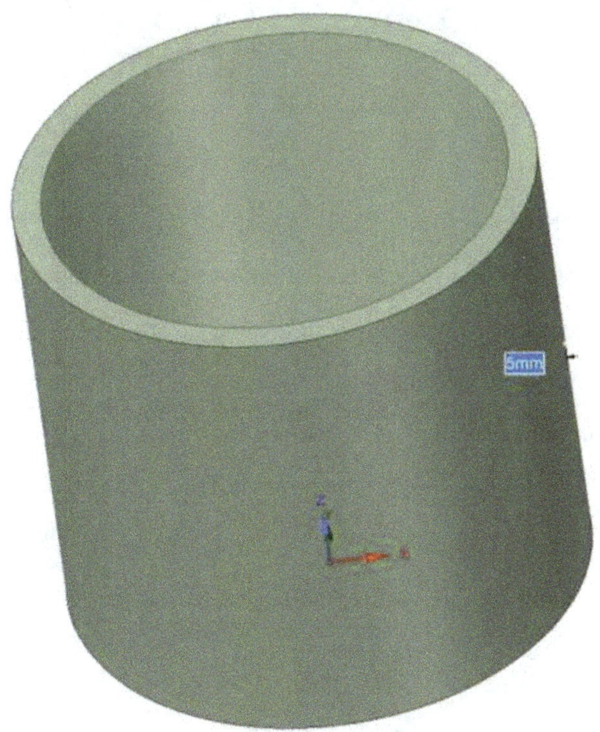

Figura 80: Elemento cilíndrico para la copa: dibujar un círculo (90 mm), utilizar "Pull" (80 mm) y ahuecarlo con "Shell" (seleccionar la superficie superior; 5 mm de espesor de pared)

En el siguiente paso, cree un nuevo plano para el asa de la taza en la superficie del borde superior de la taza. A continuación, desplace esta capa 15 mm hacia abajo, es decir, en la dirección negativa del eje z. Esto se hace seleccionando el plano y moviéndolo con el eje z azul.

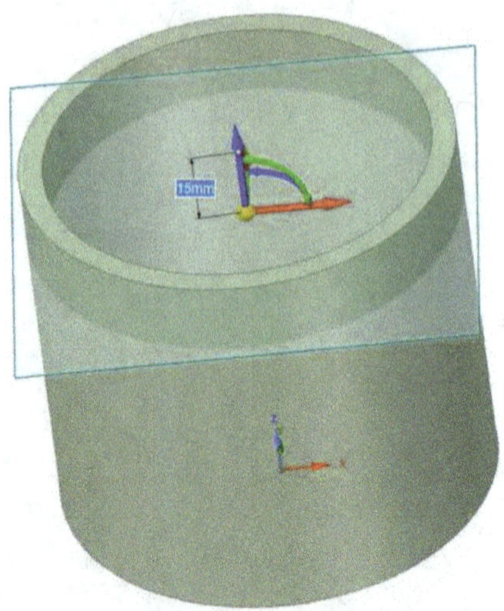

Figura 81: Crea un nuevo plano (en la parte superior del borde de la taza) y muévelo hacia abajo

¿Por qué lo hacemos? Porque no queremos que el asa quede a ras del borde de la taza, sino un poco más abajo.

A continuación, seleccione el "2D Sketch" y la "Top view" y cree una línea vertical de 20 mm en la capa creada anteriormente.

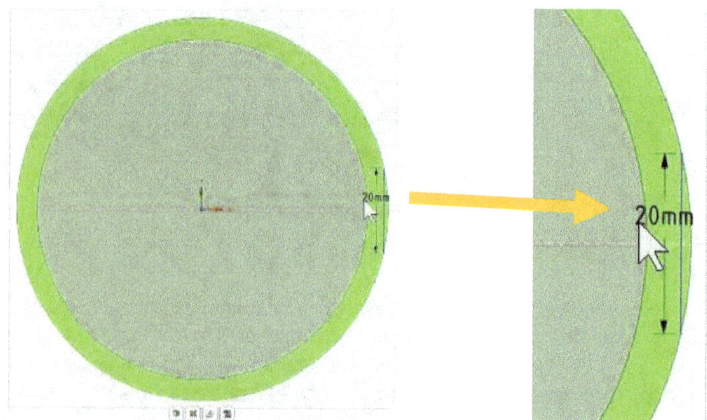

Figura 82: Crear una línea vertical de 20 mm

Completa el perfil con 2 líneas horizontales de 40 mm y una vertical, de forma que se cree un rectángulo. Ahora quizás ya pueda adivinar la forma del mango. En este caso, el elemento se añade al elemento cilíndrico básico, es decir, la copa.

70

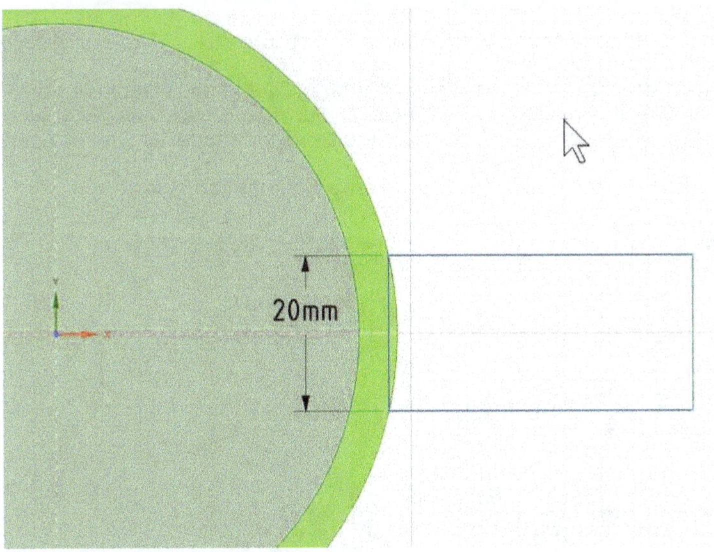

Figura 83: Añadir dos líneas horizontales de 40 mm y una línea vertical

En el modo 3D, puede arrastrar el perfil del asa hacia abajo en tres dimensiones, es decir, hacia atrás en la dirección negativa del eje z. Seleccionamos una dimensión de 50 mm.

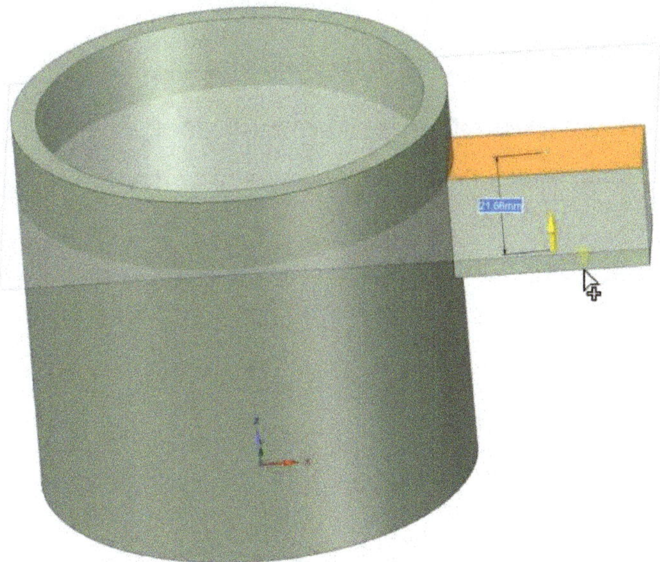

Figura 84: Crear la forma básica del asa (dimensión de 50 mm)

En el siguiente paso, vuelva a cambiar al entorno 2D y esta vez selecciona la superficie lateral del asa como plano de dibujo. Dibuja un rectángulo de 26 mm de ancho y 36 mm de alto a partir de un punto central y añade las dimensiones 20 mm y 25 mm. Como alternativa, puedes volver a trabajar con guías.

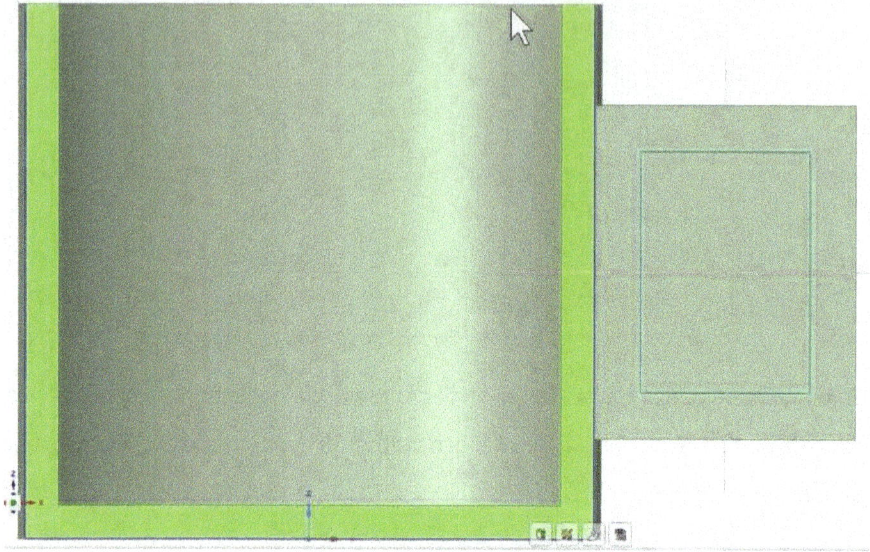

Figura 85: Esbozo del recorte para el asa

Después puede recortar el rectángulo en modo 3D. Por último, redondeamos algunos bordes del asa y de la taza y damos salida a otras representaciones de la taza.

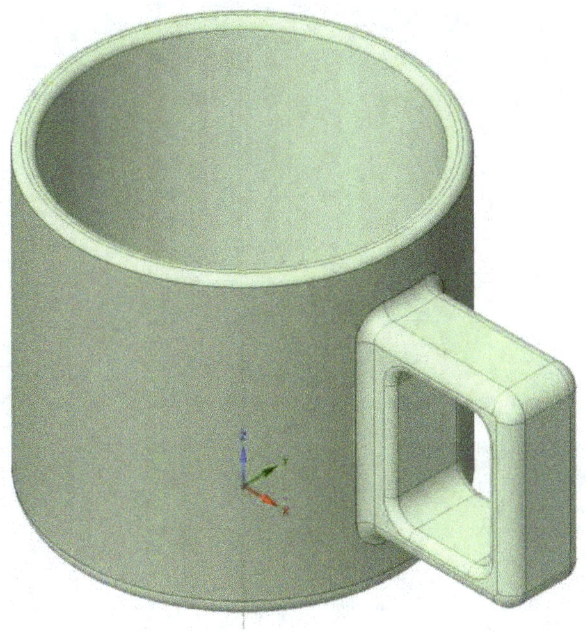

Figura 86: Taza terminada con asa

Pase a la sección del menú "Display" y pruebe algunas representaciones diferentes en "Graphics".

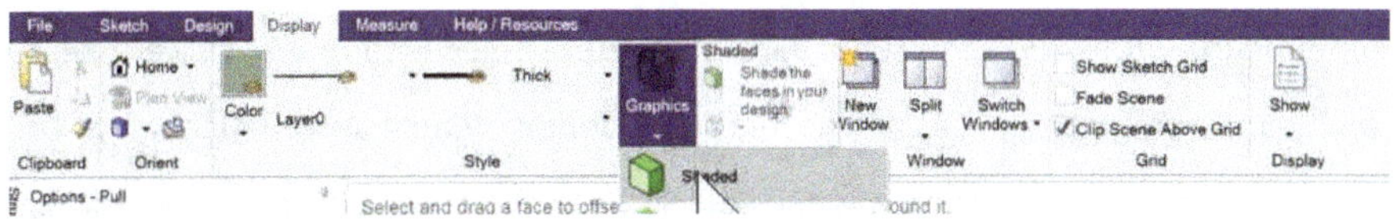

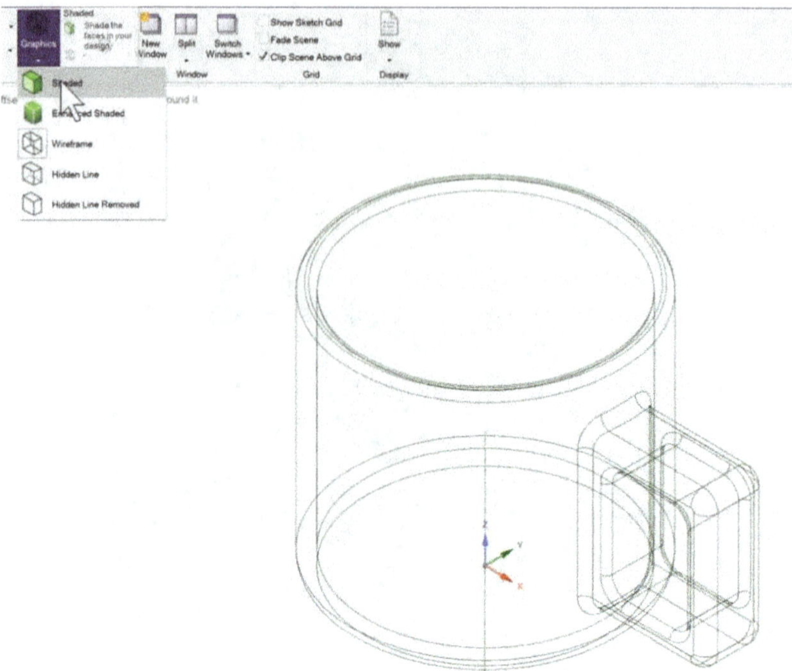

Figura 87: Renderizados alternativos de la copa

Como proyecto final, crearemos una rosca interna para una tuerca cuadrada en el siguiente capítulo. Este hilo se puede imprimir, por ejemplo, con una impresora 3D, y es totalmente funcional.

Con un tornillo, el procedimiento para crear la rosca funcionaría de forma similar. Sin embargo, hay que tener en cuenta que aquí se necesitaría una rosca externa en lugar de una interna. Las roscas también pueden crearse automáticamente con otros programas de CAD, como "Fusion 360" de "Autodesk". Así no tendrá que dibujarlos usted mismo. Por lo demás, has aprendido todas las funciones y enfoques básicos e importantes para que luego puedas aventurarte en tus propios proyectos. Si han llegado hasta aquí, pueden estar justificadamente orgullosos de sí mismos.

12 Proyecto 7: Tuerca (rosca)

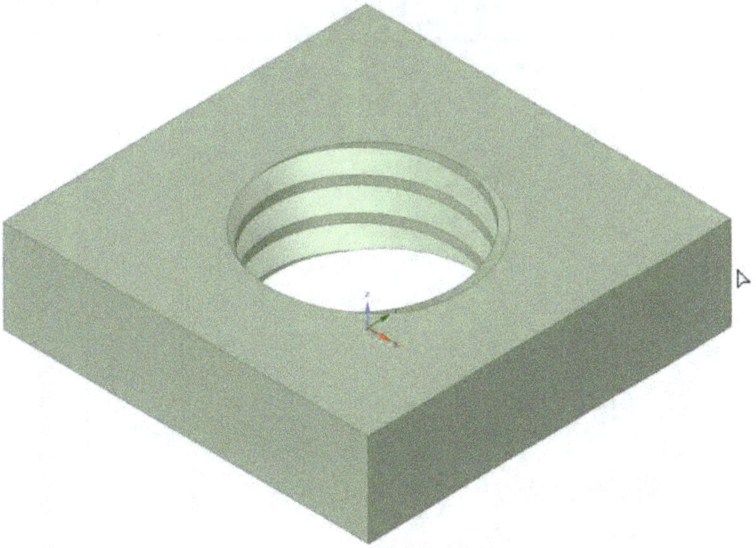

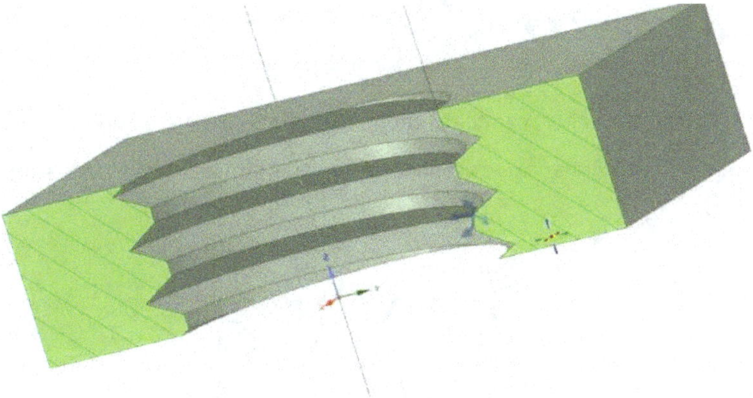

Para la tuerca cuadrada con rosca, creamos una pieza rectangular en el entorno de croquis 2D con una anchura de 20 mm y una altura de 20 mm.

Complete el perfil con un círculo. El punto de partida es el centro de las coordenadas. Seleccione el diámetro d = 10,2 mm. Las dimensiones de las piezas estándar de la ingeniería mecánica, como los tornillos y las tuercas, se pueden encontrar en un libro de tablas o incluso más fácil: en Google.

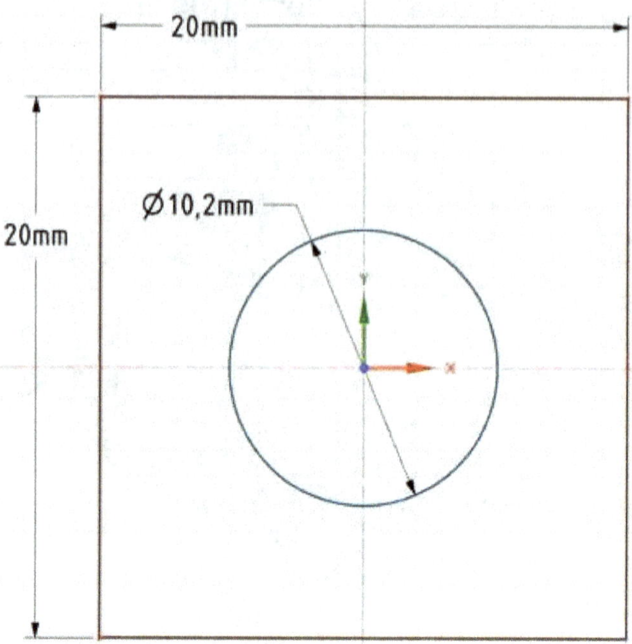

Figura 88: Esquema 2D de la tuerca cuadrada

Después de crear el boceto, cambie al modo 3D y "dibuje" el área entre el círculo y el hexágono en tres dimensiones. Utilice una dimensión de 5 mm. Puede eliminar el área del círculo.

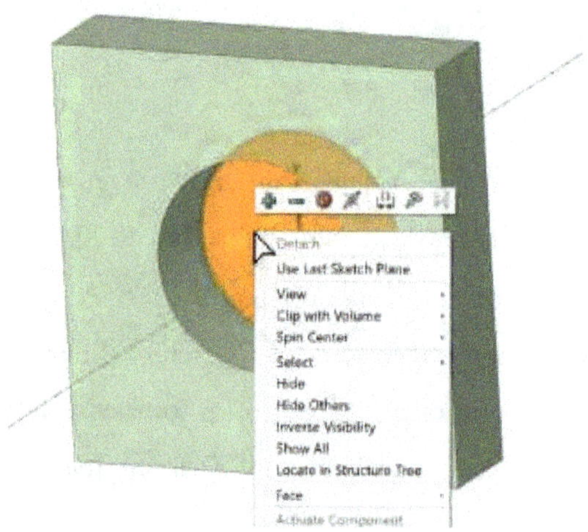

Figura 89: Cree una pieza 3D y elimine la superficie circular
(clic con el botón derecho del ratón en la superficie naranja, y luego "Delete")

A continuación, seleccione el "Section Mode" y seleccione el plano y-z de la pieza haciendo clic en el eje z. Ahora estamos en la vista de sección. En el entorno 2D y en esta vista de sección, cree dos guías verticales como se indica a continuación. La distancia entre ellos es de 1,14 mm.

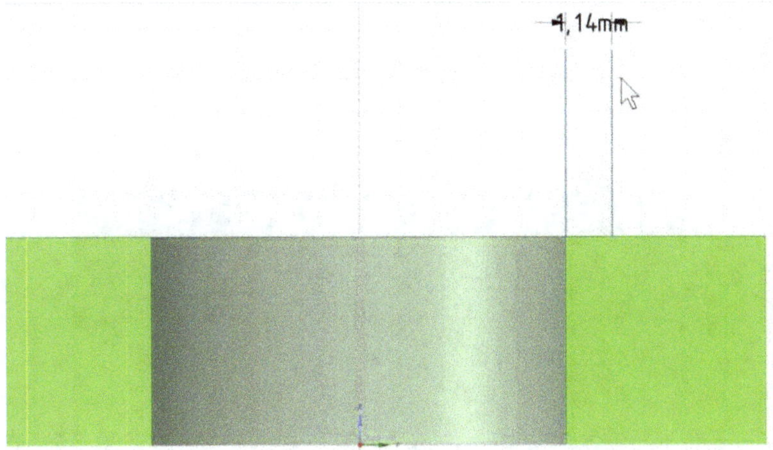

Figura 90: Creación de dos líneas guía en la vista de sección

Luego dibujamos un pequeño triángulo. Para ello, dibuje primero una línea de unión a 30 grados (1) entre las dos guías. A continuación, otra línea a 60 grados (2) en sentido contrario y, por último, una línea vertical (3) como último elemento del triángulo.

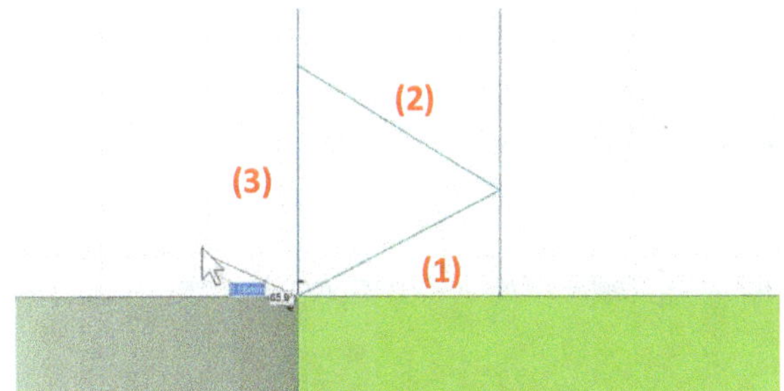

Figura 91: Crear un triángulo entre las líneas guía

Necesitamos este perfil triangular para crear el hilo. Las dimensiones y los ángulos para el hilo en particular pueden tomarse de un libro o de Internet. En nuestro caso dibujamos una rosca interna M12.

Para crear el hilo, cambiamos al modo 3D y seleccionamos la superficie triangular que hemos creado. A continuación, hacemos clic en "Pull" y utilizamos la función ya conocida "Revolve", que se encuentra en la esquina superior izquierda. El siguiente paso es activar la opción "Cut" en la barra lateral en "Options".

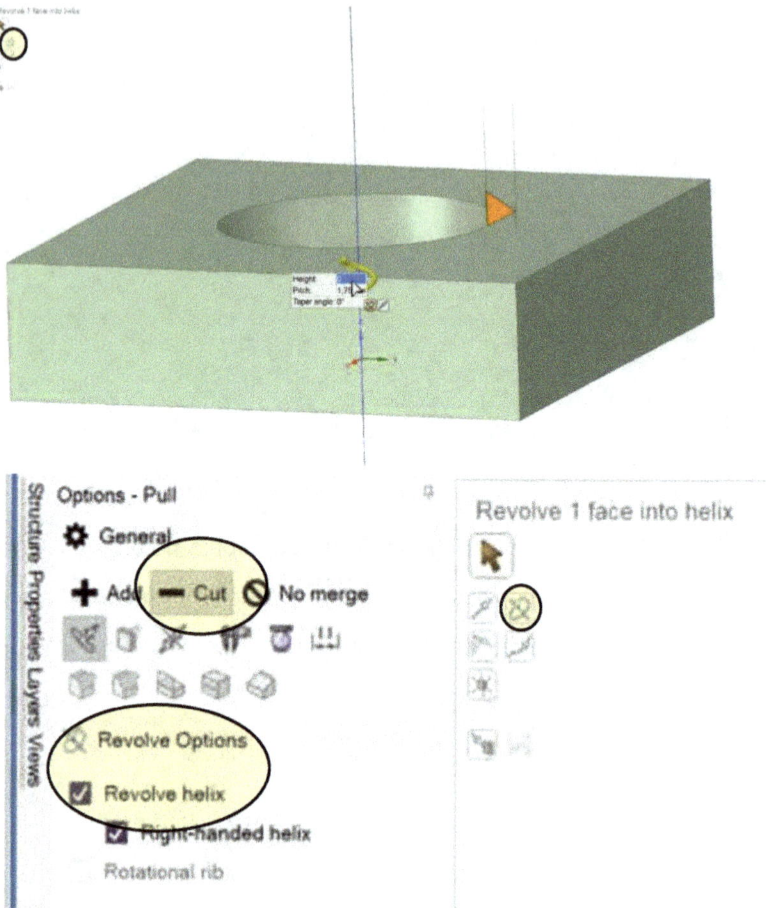

Figura 92: Gire el perfil del triángulo con "Revolve" y seleccione las opciones

Para girar la rosca, seleccione el eje z, es decir, el eje del agujero, como eje de rotación. Después de seleccionar el eje tenemos que activar la función "Revolve helix" en la barra lateral izquierda en las opciones. Aparece un pequeño cuadro. Como último paso, introducimos los valores "Height" (-15 mm), "Pitch" (1.75 mm) y "Taper Angle" (0°), es decir, la altura, la inclinación y el ángulo de la rosca, tomados, por ejemplo, de un libro de tablas o de Internet, en los campos previstos.

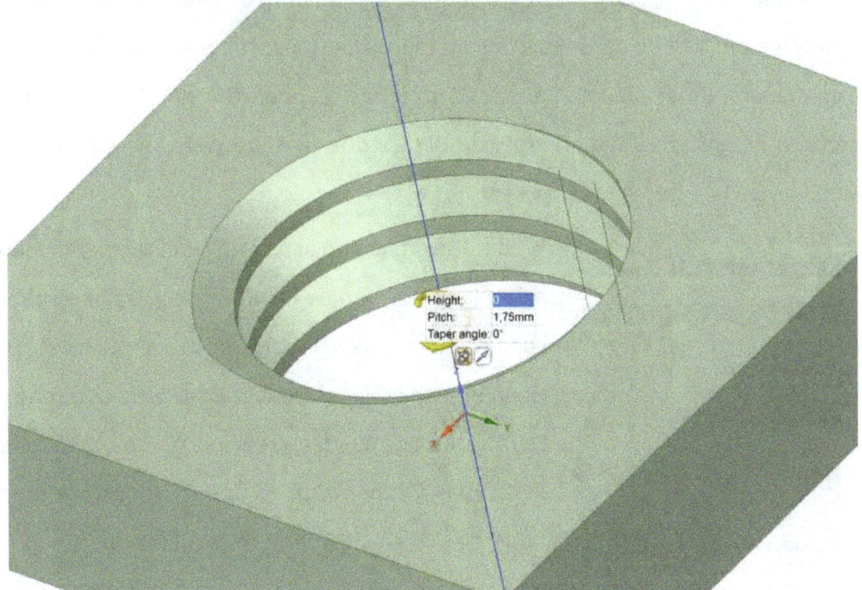

Figura 93: Introduzca los valores para la creación de hilos

El resultado debería ser esta rosca. Por último, puedes guardar el proyecto. Elija el formato "DS Mechanical Files" para editar el archivo posteriormente. Perfecto, ¡incluso las roscas ya no son un problema!

13 Palabras finales

Esto nos lleva al final del curso. Pero ahora es el momento de pensar en sus propios proyectos de diseño, consolidar los métodos que ha aprendido y mejorarlos de esta manera. En este curso ha aprendido todas las operaciones relevantes en el entorno de croquis 2D y en el modo 3D. Esto le permite construir sus propios archivos CAD de forma rápida y sencilla.

Y, como se mencionó al principio del curso, también existe la posibilidad de imprimir tus propios diseños con una impresora 3D. Es tremendamente divertido y beneficioso poder materializar sus propios diseños. De este modo, pueden crear piezas prácticamente de la nada y tener a mano una solución para todo tipo de repuestos no disponibles pero muy necesarios o cualquier otra cosa. Beneficio de mi libro: Impresión 3D | ¡La guía práctica para principiantes! y matricúlese hoy mismo!

¡Muchas gracias y que se diviertan con sus futuras construcciones!

Por favor, escribe una breve reseña si te ha gustado este libro. Significaría mucho para mí y ayudaría a todos los demás novatos del diseño. Muchas gracias.

Libros sobre temas que también podrían gustarle

Todos los libros están disponibles en línea en las plataformas de venta habituales. Sólo tiene que buscar el título o visitar mi página de autor. Es posible que algunos de los libros aún no se hayan publicado y estén disponibles en breve. Eche un vistazo a los libros de su elección y lléveselos a casa como libros electrónicos o de bolsillo.

Impresión en 3D:

CAD, FEM, CAM (creación de objetos 3D, diseño, simulación):

Ingeniería eléctrica:

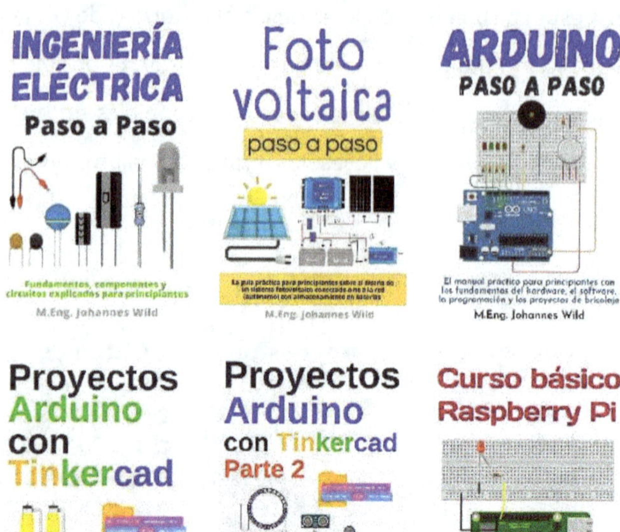

Programación y otros programas:

Información sobre el autor / editor

© 2023

Johannes Wild
c/o RA Matutis
Berliner Straße 57
14467 Potsdam
Germany

E-Mail: 3dtech@gmx.de

Esta obra está protegida por los derechos de autor